**Offshore** – Wie Vermögensverwalter Reichtum tarnen und einen neuen Kolonialismus schaffen

**Brooke Harrington** ist Professorin für Wirtschaftssoziologie am Dartmouth College in New Hampshire, zertifizierte Vermögensverwalterin und Beraterin u.a. für die OECD und das Europäische Parlament. Ihr Buch *Capital without Borders: Wealth Managers and the One Percent* (Harvard University Press 2016) wurde vielfach ausgezeichnet und in mehrere Sprachen übersetzt.

Brooke Harrington

# Offshore

## Wie Vermögensverwalter Reichtum tarnen und einen neuen Kolonialismus schaffen

Aus dem Englischen von Stephan Gebauer

Campus Verlag
Frankfurt/New York

Die englische Originalausgabe erschien 2024 bei W. W. Norton & Company unter dem Titel *Offshore: Stealth Wealth and the New Colonialism*.

ISBN 978-3-593-51912-8 Print
ISBN 978-3-593-45785-7 E-Book (PDF)
ISBN 978-3-593-45784-0 E-Book (EPUB)


Umschlaggestaltung: Guido Klütsch, unter Verwendung eines Designs von Emily Weigel
Umschlagmotiv: Andrei Kuzmik/Shutterstock und Anna Golant/Shutterstock
Redaktion: Günter Neeßen
Satz: DeinSatz Marburg UG | mg
Gesetzt aus der Sabon Pro und DIN Next Pro
Druck und Bindung: Beltz Grafische Betriebe GmbH, Bad Langensalza
Beltz Grafische Betriebe ist ein Unternehmen mit finanziellem Klimabeitrag (ID 15985-2104-1001).
Printed in Germany

www.campus.de

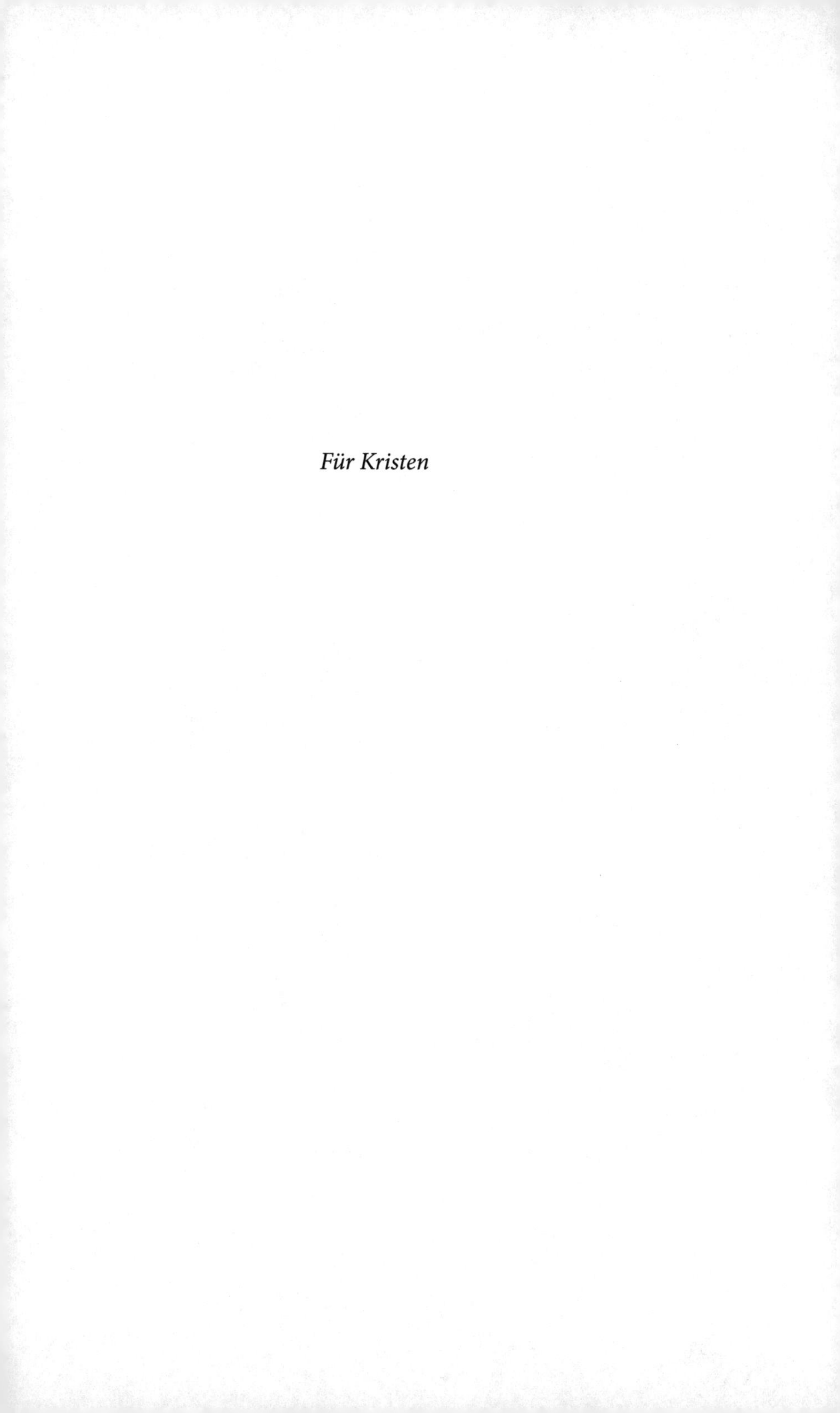

*Für Kristen*

# INHALT

# EINLEITUNG

»Warum beschäftigen Sie sich mit den Offshore-Finanzen?«

Diese Frage bekomme ich oft zu hören. Normalerweise antworte ich, dass mich das Thema fasziniert, weil es so viele gesellschaftliche Sphären umfasst, von Wirtschaft und Politik bis zu Familie und Kultur. In Wahrheit ist die Antwort sehr viel kürzer: Es war Schicksal.

F. Scott Fitzgerald bezeichnete meine Heimatstadt einmal als den »glamourösesten Ort in der Welt«. Lake Forest am Ufer des Michigan-Sees, etwa eine Stunde nördlich von Chicago, inspirierte Fitzgerald zu *The Great Gatsby* und bildete die Kulisse für Robert Redfords oscarprämierten Film *Ordinary People*. Beides sind faszinierende Auseinandersetzungen mit Reichtum und Geheimnissen. Wenn ich gefragt werde, wie ich auf die Idee kam, das Studium eines Systems, das große Vermögen in einen Schleier der Geheimhaltung hüllt, zu meinem Beruf zu machen, kann ich wie Hamlet sagen, dass ich eingeboren bin und drin erzogen.

In meiner Kindheit und Jugend hatten meine Klassenkameraden den Reichtum, während ich die Geheimnisse hatte. In der Grundschule saß ich neben den Sprösslingen des Adels aus dem Mittleren Westen, neben den Abkömmlingen der Armours und Swifts, welche die von Upton Sinclair angeprangerte Fleischverarbeitungsindustrie aufgebaut hatten, neben den Töchtern von Medienzaren und Bankiers, deren Herrenhäuser am Seeufer Ähnlichkeit mit den Kulissen der wilden Partys von Tom und Daisy Buchanan hatten. Auf der anderen, der falschen Seite der Stadt, wo Lake Forest in die Prärie übergeht und wir als Kinder die Kühe hören (und riechen) konnten, die stets um fünf Uhr morgens gemolken wurden, bereitete ich jeden Tag das Abendessen für meine Familie zu. Meine Mutter arbeitete im Stadtzentrum und kam spät von der Arbeit zurück. Meine kleine Schwester, die unter Spina bifida und einem Wasserkopf litt, lernte nie gehen oder sprechen. Gelegentlich erschien auch mein Vater zum Essen, ein Möchtegern-Gatsby, der aufgrund seiner schweren Charakterfehler schließlich im Gefängnis landete. Eines unserer streng gehüteten Geheimnisse war, dass wir Sozialhilfe erhielten, weil die Arztrechnungen für die Behandlung meiner Schwester auf über eine Million Dollar gestiegen waren, was heute etwa 6 Millionen Dollar entspräche und in den siebziger Jahren ein fast unvorstellbarer Betrag für eine Mittelschichtfamilie war.

Ich geriet in der Schule nur ein einziges Mal in Schwierigkeiten. In der dritten Klasse fragte mich eine Mitschülerin, ob ich Geschwister habe, und ich war naiv genug, die Wahrheit zu erzählen. Als meine Klassenkameradin hörte, dass meine Schwester eine Sonderschule für behinderte Kinder besuchte, bezeichnete sie sie als »Idiotin«. In diesem Moment lernte ich eine neue Emotion kennen – mit dem Beschützerinstinkt verbundene Wut – und schlug das Mädchen nieder. Es war das einzige Mal in meinem Leben, dass ich jemanden körperlich angriff, und dieser Schlag beendete mein soziales Leben in der Grundschule. Behinderungen und Prügeleien gehörten sich nicht in den besseren Häusern in Lake Forest. So lernte ich, Diskretion zu wahren und unsichtbar zu bleiben, um mich zu schützen.

Als meine Schwester einige Monate später starb, musste ich ihren Tod für mich behalten und so tun, als wäre nichts geschehen. Ich musste trotz des Todesfalls zur Schule gehen, denn meine Mutter konnte es sich nicht leisten, der Arbeit fernzubleiben, und mein Vater hatte sich für ein paar Jahre nach Mexiko absetzen müssen. Ich konnte nirgendwo anders hingehen als in das von Mrs. Lockwood regierte Klassenzimmer. Es war der ruhigste und sicherste Ort in meinem Leben. Und da ich an meinem Zufluchtsort auch am glücklichsten war, baute ich mir ein Leben unter Lehrern und Büchern auf.

Als ich in der Mittelschule war, erschien *The Official Preppy Handbook*, ein satirisches Handbuch für die Besucher von Eliteschulen. Ich studierte es wie eine Anthropologin und versuchte, mich mit den Bräuchen und Ritualen eines Volkes vertraut zu machen, dessen Leben ich nur von außen beobachten konnte. Wie Fitzgerald konnte ich sehen, dass die Reichen anders waren – und wie er wollte ich herausfinden, woran das lag. Jahrzehnte später wählte ich als Soziologin die Methode der *teilnehmenden Beobachtung*, um mir Zugang zur Welt der Offshore-Finanzen zu verschaffen und mehr über die in den Steueroasen verborgenen Vermögen der Elite herauszufinden. Diese mit allen Mitteln gegen Außenstehende verteidigte Welt kann man nur untersuchen, indem man sich darin bewegt. Die Superreichen und die Finanzexperten, die in ihrem Dienst stehen, sprechen normalerweise nicht mit neugierigen Soziologen.

Ich wollte herausfinden, woran es lag, dass die wirtschaftliche und politische Ungleichheit weltweit außer Kontrolle geriet. Also drang ich in den »Maschinenraum« des Systems ein, das diese Ungleichheit erzeugte. Als ich im Jahr 2007 begann, die Offshore-Finanzen zu studieren, war ich bereits seit fast einem Jahrzehnt Professorin für Wirtschaftssoziologie und hatte mich mit der Veröffentlichung von Büchern über die Investitionssoziologie in den Vereinigten Staaten (*Pop Finance*) sowie über das Netz aus Geheimhaltung und Lügen, in das der Reichtum gehüllt war (*Deception: From Ancient Empires to Internet Dating*), für das neue Projekt »aufgewärmt«. Aber mir war klar, dass etwas fehlte: Die Offshore-Welt gähnte wie ein schwarzes Loch am Rand beider Untersuchungsgebiete. Sie übte einen spürbaren Einfluss darauf aus, aber es gab weder eine soziologische Theorie noch Konzepte zu ihrer Beschreibung.

In meiner Forschung sowie in den Nachrichten deutete alles darauf hin, dass die höchsten Stufen der sozioökonomischen Hierarchie dringend genauer untersucht werden müssten. Die Soziologen hatten sich seit den siebziger Jahren fast vollkommen aus diesem Gebiet zurückgezogen, was teils politische Gründe (wie die Solidarität mit den Benachteiligten und das Eintreten für die Armen) hatte und teils mit einem Mangel an Daten zu erklären war. Je reicher Menschen sind, desto schwieriger ist es, sie zu studieren. Daten zu den Armen und zur Mittelschicht sind seit jeher sehr viel leichter zugänglich. Wenn sich die Reichen in geschlossene Wohnanlagen oder auf Privatinseln zurückziehen, wird es zu zeitaufwendig und zu teuer, sie zu studieren.

Doch da ich unter den Superreichen aufgewachsen war, ließ ich mich nicht abschrecken. Der Grund war, dass ich etwas wusste, was die meisten Leute nicht wussten: Die Reichen kümmern sich nicht selbst um ihr Geld. Viele von ihnen, darunter die Eltern der Erbin eines Kaugummiimperiums, die ich im Ferienlager kennenlernte, wussten nicht einmal, wie man eine Glühbirne auswechselte. Die alltäglichen Herausforderungen, die die meisten von uns selbst bewältigen müssen, übertrugen die Reichen Hausbediensteten und anderem »Personal«. Für die meisten von ihnen kam es nicht in Frage, ihre Finanzen selbst zu regeln, vor allem, weil ihr Vermögen über die Generationen hinweg weitergereicht wurde, normalerweise transnational und viel zu komplex war, als dass eine einzelne Person es hätte vermehren oder beschützen können. Um wirklich zu verstehen, wie die Reichen noch reicher wurden, würde ich mit jenen Fachleuten sprechen müssen, die von fast allen reichen Familien beschäftigt werden: mit Treuhändern, Privatbankern, Steuerberatern und anderen Vermögensverwaltern.

Die Frage war, wie ich an diese Fachleute herankommen konnte. Ich konnte nicht einfach anrufen oder eine E-Mail schicken, um ein Interview zu vereinbaren, denn vielerorts drohen den Finanzexperten hohe Strafen einschließlich von Geld- und Haftstrafen, wenn sie vertrauliche Informationen über ihre Praktiken weitergeben. Diese Leute konnten mir am besten erklären, was ich zu verstehen versuchte, aber es war, als stünden sie am anderen Ufer eines Sumpfes, in dem sich Alligatoren tummelten. Und selbst wenn ich an sie herankommen konnte, war nicht klar, wie ich sie dazu bewegen konnte, nützliche Informationen preiszugeben.

Viele Sozialwissenschaftler, darunter Ökonomen, Geographen und Politikwissenschaftler, interessieren sich für die Offshore-Finanzen, aber die meisten von ihnen haben nicht versucht, durch den mit Alligatoren gefüllten Sumpf zu waten und tatsächlich das Gespräch mit den Personen zu suchen, die dafür verantwortlich sind, dass das Offshore-System funktioniert. Sie stützen sich zumeist auf Umfragedaten, Transaktionsaufzeichnungen oder historische Archive. Der Erkenntniswert dieser Quellen ist begrenzt. Um Geheimnisse – insbesondere Geheimnisse über verborgene Vermögen – studieren zu können, muss man die Ärmel hochkrempeln und sich auf menschliche Wesen einlassen.

Besonders klar und denkwürdig drückte dies der Soziologe Charles Wright Mills aus. Mills, ein eigenwilliger Charakter, der so etwas wie ein Enfant terrible war, unterrichtete von 1946 bis zu seinem frühen Tod im Jahr 1962 an der Columbia University. Wir verwenden immer noch von ihm geprägte Begriffe wie jenen der »Machtelite«, der auch der Titel eines seiner berühmtesten Bücher war. Mills interessierte sich für die Ungleichheit und insbesondere für die Personen an der Spitze der sozioökonomischen Hierarchie. Daher sind seine Erkenntnisse relevant für meine Arbeit über das Offshore-System, in der ich untersuche, wie die heutigen Machteliten den Reichtum verstecken, der ihnen so großen Einfluss auf das Weltgeschehen gibt.

Mills ist auch wegen seiner speziellen Forschungsmethoden in Erinnerung geblieben, die eine Mischung aus Biographie und wissenschaftlicher Untersuchung waren. Er war überzeugt, die wichtigsten Entdeckungen würden in der Auseinandersetzung mit unserer persönlichen Erfahrung als Bestandteile größerer sozialer Systeme gemacht. Um neue oder interessante Erkenntnisse über die Welt zu gewinnen, müsse man das Persönliche mit dem Weltgeschichtlichen und das Biographische mit dem Strukturellen verknüpfen. Mills bezeichnete dies als »soziologische Imagination«: In diesem Prozess würden Verbindungen hergestellt und die menschliche Bedeutung gesellschaftlicher Fragen aufgedeckt, indem diese mit den persönlichen Schwierigkeiten und mit den Problemen des individuellen Lebens in Zusammenhang gebracht würden.

Von Mills' Sichtweise inspiriert, entschloss ich mich, in der Auseinandersetzung mit den Offshore-Finanzen einen neuen Zugang zu wählen und so vorzugehen, als wäre ich die Biographin einer sehr komplexen, interessanten, mächtigen und gefährlichen Person. So wollte ich das größte Hindernis überwinden, mit dem sich jeder konfrontiert sieht, der versucht, die Offshore-Finanzen zu erklären: Es ist extrem schwierig, komplizierte rechtliche und finanzielle Zusammenhänge für Nichtspezialisten interessant darzustellen. Und selbst jene, die sich auf dieses System spezialisiert haben, beschreiben es manchmal als vollkommen undurchschaubar, weil technisch zu komplex.

In diesem Buch versuche ich, all das zum Leben zu erwecken, was die Offshore-Welt interessant, überraschend, widersprüchlich und gelegentlich beängstigend macht. Ich möchte Ihnen zeigen, dass die Offshore-Finanzen von großer Bedeutung sind und Ihre Aufmerksamkeit verdienen, selbst wenn Sie – oder gerade weil Sie – nicht zu den Superreichen gehören, die dieses System nutzen, um ihr Vermögen zu verstecken. Dazu werde ich Ihnen von meinen eigenen Begegnungen mit dem System erzählen und Ihnen einige meiner Informanten vorstellen, darunter einen Londoner Kopfgeldjäger im Nadelstreif, der bei auf den Hund gekommenen Oligarchen Schulden eintreibt, und einen Maori-Fischer, der mein Verständnis des Offshore-Netzes als neokoloniales Gebilde auf den Punkt brachte. Jenen, die sich mit einigen der hier behandelten Themen eingehender beschäftigen möchten, gebe ich am Ende des Buchs Hinweise auf Studien, die besonders viel zu meinem Verständnis beigetragen haben: Arbeiten von Historikern, Ökonomen, Anthropologen, Politikwissenschaftlern und Journalisten. Wie Sie sehen werden, gibt es über die Offshore-Finanzen sehr viel mehr zu sagen, als in ein so dünnes Buch wie dieses passt.

Aber kehren wir zu dem mit Alligatoren gefüllten Sumpf zurück. Wie konnte ich ihn durchqueren – und wie konnte ich an brauchbare Information herankommen, sollte ich tatsächlich auf die andere Seite gelangen? Aufgrund der Geheimniskrämerei rund um die Offshore-Praktiken war klar, dass ich dieses Vorhaben nicht wie eine herkömmliche Forschungsarbeit in Angriff nehmen konnte. Auch konnte ich mich bei der Datensammlung nicht der Täuschung bedienen – beispielsweise, indem ich mich als vermögende potenzielle Klientin für Finanzdienstleistungen ausgab. Die in der Soziologie des 21. Jahrhunderts geltenden ethischen Leitlinien sehen vor, dass Forscher ihre wirkliche Identität sowie ihre Beweggründe für eine Studie preisgeben müssen. Hätte ich das nicht getan, so hätte ich keinen Anspruch auf Forschungszuschüsse gehabt – dies war eine wichtige Frage, weil die Datensammlung über ein Jahrzehnt hinweg etwa 400 000 Dollar kostete – und meine Arbeit wäre nicht für eine Veröffentlichung in wissenschaftlichen Publikationen geeignet gewesen.

Diese Einschränkungen haben vermutlich dazu beigetragen, andere Forscher von der Beschäftigung mit den Offshore-Finanzen abzuhalten. Ich konnte die Hindernisse nur überwinden, weil ich mich zu einem riskanten Schritt entschloss: Ich trat in den Club der Geheimniskrämer ein und begann eine Ausbildung zur Offshore-Vermögensverwalterin.

Die von mir angewandte Methode wird als »immersive Ethnographie« bezeichnet. Heute wird sie kaum noch angewandt, weil sie einen hohen Zeitaufwand und hohe Kosten verursacht, aber sie zählt zu den ältesten sozialwissenschaftlichen Methoden. Tatsächlich hat sie ihren Ursprung Anfang des vergangenen Jahrhunderts, als Anthropologen und Soziologen die Welt in erster Linie zu verstehen versuchten, indem sie die Menschen, deren Verhalten sie interessierte, beobachteten und unter ihnen lebten. Heute ist die Methode oft die letzte Option, wenn Forscher mit einer Gruppe konfrontiert sind, die zu geheimnistuerisch oder defensiv ist, um sie von außen studieren zu können. In jüngster Zeit wurde die immersive Ethnographie in einigen

Studien angewandt, um Drogenhändler, andere Kriminelle oder die Gäste von VIP-Räumen in exklusiven Nachtclubs zu studieren. Auf Gruppen von Fachleuten wird diese Methode jedoch nur sehr selten angewandt.

Zu meinem Glück hatte jemand anderer bereits die Weichen gestellt. John Van Maanen, ein mittlerweile emeritierter Professor am Massachusetts Institute of Technology (MIT), hatte Ende der sechziger Jahre für seine Doktorarbeit Polizeibeamte in Südkalifornien bei der Arbeit beobachten wollen. Aber die Polizisten wollten nicht beobachtet werden, was verständlich war, denn seit den Rassismus-Unruhen in Watts (Los Angeles) im Jahr 1965 war die Beziehung zwischen den Sicherheitskräften und der Allgemeinheit extrem angespannt und von Misstrauen geprägt. (Diese Ereignisse wühlten die amerikanische Öffentlichkeit ähnlich auf wie die Ermordung George Floyds ein halbes Jahrhundert später.) Da er mit höflichen Anfragen nichts erreichte – mehr als ein Dutzend schriftlicher Bitten, die Polizeiarbeit in der Gegend studieren zu dürfen, wurden abgelehnt –, wurde Van Maanen kreativ: Er schrieb sich in der Polizeischule ein, absolvierte die gesamte Ausbildung zum Polizisten und nahm sogar an bewaffneten Patrouillen teil. So gelang es ihm, das Vertrauen der Polizisten zu gewinnen und sie zur Kooperation in seiner Studie zu bewegen.

Van Maanen übernahm die Vorstellung, dass sich die Ethnographie für die biographische Darstellung eignet, und wurde zum Inbegriff dessen, was Mills Jahre früher theoretisch dargelegt hatte. Er bewies, dass Soziologen am meisten über ein Phänomen herausfinden können, indem sie darin eintauchen und ihre Erfahrungen auswerten. Die Anwendung dieser Strategie auf Gruppen, die sich der Transparenz verweigern, aber beträchtliche Macht ausüben, veränderte meine eigene Arbeit nachhaltig.

Die offizielle Berufsbezeichnung der Fachleute, deren Arbeit ich studierte, lautete »Vermögensverwalter«, aber eine zutreffendere Bezeichnung wäre »Geheimhaltungsexperten«. Während Van Maanens Ausbildung nur einige Monate dauerte, musste ich zwei Jahre in meine investieren. Das war nur dank eines deutschen Forschungsstipendiums möglich, das mich in die Lage versetzte, in diesem Zeitraum meine Lehrtätigkeit und meine Verwaltungsaufgaben ruhen zu lassen.[1] In Deutschland sammelte ich verschiedene Zuschüsse ein, um die Ausbildungskosten von 50 000 Dollar bestreiten zu können. Das Programm setzte sich aus fünf getrennten Fächern zusammen, für die ich mich jeweils mehrere Monate mit umfangreichem Schulungsmaterial vorbereiten musste: Ich las Hunderte Seiten in riesigen Ordnern, die so dick waren wie Telefonbücher großer Städte. In jedem Fach folgte auf das Heimstudium ein einwöchiger Kurs mit Anwesenheitspflicht, in dem die Teilnehmer vier Tage lang von neun bis fünf unterrichtet wurden und am fünften Tag ein vierstündiges Examen ablegen mussten. Ich absolvierte ein überraschend intensives zweijähriges Studium und legte große Entfernungen zurück, um zu den verschiedenen Veranstaltungsorten zu reisen. Ich fand nie Arbeit als Vermögensverwalterin und wurde auch nicht nebenberuflich auf diesem Gebiet tätig, aber die Ausbildung öffnete mir das Tor zu einem geheimen Reich, zu dem ich andernfalls nie Zutritt erhalten hätte.

So kam es, dass ich viele Stunden in tristen Flughafenhotels und Konferenzzentren an ansonsten reizvollen Orten wie der Schweiz oder den Cayman Islands verbrachte und vieles über Treuhand- und Firmenrecht, Finanzen und Buchhaltung lernte. Die Kurse für Treuhand- und Firmenrecht waren anspruchsvoll, aber vergnüglich, während ich das Studium von Finanzen und

Buchhaltung eher als Strafe empfand. Aber diese Investition von Zeit und Mühe machte alles andere möglich. Die Ausbildung half mir, mich mit dem Gebiet und den Praktiken vertraut zu machen, aber vor allem brachte sie mich mit Experten in Kontakt, die unter normalen Umständen nie mit mir gesprochen hätten. Ich hatte erwartet, in den Kursen auf angehende Vermögensverwalter zu treffen, aber tatsächlich lernte ich dort zahlreiche erfahrene Fachleute kennen. Die Vermögensverwaltung war erst Anfang der neunziger Jahre als eigener Beruf definiert worden, und eine weltweit anerkannte Qualifikation gab es erst fast ein Jahrzehnt später. Bis dahin hatten sich Rechtsanwälte, Buchhalter, Banker und andere einfach darauf spezialisiert, die Superreichen zu betreuen – sei es gezielt oder zufällig. Als zu Beginn des 21. Jahrhunderts eine weltweit anerkannte Ausbildung eingeführt wurde, gewöhnten sich viele Klienten und Arbeitgeber rasch daran, eine entsprechende Qualifikation zu erwarten. Die vom internationalen Berufsverband der Vermögensverwalter – der in London ansässigen Society of Trust and Estate Practitioners – vorgeschriebene Zulassung wurde rasch zum erforderlichen Qualifikationsnachweis für jeden, der auf eine Stellenanzeige in der *Financial Times* oder anderen Fachpublikationen antworten wollte.

Dieses neue Qualifikationserfordernis bewegte viele erfahrene Fachleute aus aller Welt dazu, sich in dieselben Kurse einzuschreiben, die ich besuchte, obwohl viele von ihnen bereits seit Jahren oder sogar Jahrzehnten in der Branche tätig waren. Die meisten waren gelernte Rechtsanwälte oder Buchhalter, aber es gab auch einige Banker und sogar einzelne ehemalige Universitätslehrer unter ihnen. Die Kurse wurden von sehr erfahrenen Vermögensverwaltern geleitet, die teilweise an den Lehrbüchern mitgearbeitet hatten, die wir im Unterricht verwendeten.

In den Klassen sowie in Kaffee- und Essenspausen verbrachte ich etwa 200 Stunden mit diesen Fachleuten. Da wir normalerweise in den Konferenzhotels wohnten, in denen die Kurse stattfanden, boten sich zahlreiche Gelegenheiten zum informellen Gedankenaustausch. Ich konnte meine neuen Kollegen um Interviews bitten oder sie einfach beobachten, während sie von ihren Erfahrungen erzählten oder den neuesten Tratsch austauschten. Der Titel, den ich nach zwei Jahren erhielt, war meine Eintrittskarte zu Branchentreffen, bei denen sich Tausende Vermögensverwalter über bewährte Methoden und Innovationen informierten. Dort konnte ich auch Teilnehmer an meiner Studie anwerben.

Es waren keine Undercover-Recherchen. Wie von den Ethikregeln der modernen soziologischen Forschung vorgeschrieben, stellte ich mich stets mit meinem wirklichen Namen vor, erklärte, mit welchen Institutionen ich zusammenarbeitete, und machte Angaben zu den Zielen meiner Forschungsarbeit. Sowohl in den Kursen als auch bei Branchentreffen trug ich stets ein Namensschild, auf dem mein Arbeitsplatz angegeben war, damit jedermann klar war, dass er es mit einer Wissenschaftlerin zu tun hatte, die für ein Forschungsinstitut arbeitete. Als ich mit meinen Recherchen begann, wusste ich nicht, ob irgendjemand mit mir sprechen würde. Zu meiner Überraschung waren die meisten Vermögensverwalter durchaus bereit zu sprechen, sofern ich ihnen Anonymität garantierte. Wie der Soziologe Georg Simmel zu Beginn des 20. Jahrhunderts beobachtete, weckt die Begegnung mit Fremden bei vielen Menschen das Bedürfnis, ihre Seele zu erleichtern. Das, erklärte Simmel, führe dazu, dass dem Fremden »oft die überraschendsten Offenheiten und Konfessionen, bis zu dem Charakter der Beichte, entgegengebracht werden, die man jedem Nahestehenden sorgfältig vorenthält«.[2]

Eine Erklärung für die Offenherzigkeit der Vermögensverwalter war möglicherweise die paradoxe Tatsache, dass meine Gegenwart in mancher Hinsicht keine Bedrohung darstellte und in anderer Hinsicht provokant war. Feldstudien sind stets »sowohl ein sozialer als auch ein persönlicher Akt«, wie Van Maanen schrieb.[3] Das bedeutet, dass die erhobenen Daten nicht von der Person des Forschers zu trennen sind, der sie sammelt. Fast ein Jahrhundert der sozialpsychologischen Forschung hat gezeigt, dass ein Mensch, der in einer Gruppe »zu anders« wirkt, Misstrauen weckt, weshalb die Mitglieder dieser Gruppe nicht offen mit ihm sprechen werden. Forscher müssen den von ihnen studierten Personen so ähnlich sehen, dass sie deren Vertrauen gewinnen können, und sei es auch nur vorübergehend für die Dauer eines Gesprächs. Van Maanen passte gut in die Gruppe der von ihm studierten Polizisten: Er war ein junger Weißer unter männlichen Weißen, die ebenfalls jung oder mittleren Alters waren. Er kleidete sich in seiner Freizeit sogar ähnlich wie seine Kollegen – samt Ansteckkrawatte. Diese äußeren Merkmale machten ihn zwar nicht zu »einem der Jungs«, aber zumindest zu einem »akzeptablen Inkompetenten«, das heißt zu jemandem, der genug wusste, um mit den Profis Schritt halten zu können, jedoch viele geduldige Erklärungen brauchte.

Ich wurde ebenfalls in mancher Hinsicht als »akzeptable Inkompetente« betrachtet. Obwohl ich eine weiße, leistungsfähige Fachfrau mit englischer Muttersprache war, fiel ich als Frau in der von Männern beherrschten Offshore-Welt auf. Es gibt nach wie vor wenige Vermögensverwalterinnen, was dazu führen kann, dass man als Frau in diesem Beruf unterschätzt und in Frage gestellt wird.

Im Berufsleben können diese Hindernisse hohe Einkommenseinbußen nach sich ziehen. Aber in der Welt der Ethnographie kann es ein großer Vorteil sein, als inkompetent eingeschätzt zu werden. Wenn andere dich für harmlos und stümperhaft halten und glauben, dass du der Aufgabe nicht gewachsen bist, nehmen sie dich nicht als Bedrohung wahr. Das könnte man in Anlehnung an den berühmten Fernsehdetektiv, dessen verwirrtes und schusseliges Auftreten den Mörder stets dazu verleitet, sich zu verraten, als »Columbo-Effekt« bezeichnen. In Gegenwart eines akzeptablen Inkompetenten sind viele Leute nicht auf der Hut und geben bereitwillig wertvolle Informationen preis.

Die Gegenwart einer Frau an einem Ort, an dem fast ausschließlich männliche Anwälte, Banker und Finanzexperten versammelt waren, war offenbar eine Einladung, das große Wort zu schwingen und dieser Frau die Welt zu erklären. Besonders deutlich wurde dies, als ich wie eine Offshore-Version der Polizeichefin Marge Gunderson im Film *Fargo* hochschwanger bei Versammlungen auftauchte. Oft war mein größtes Problem, dass es mir schwerfiel, mir schnell genug Notizen zu machen, um die Unmenge von Daten zu bewältigen, mit denen ich überhäuft wurde. Einer meiner besten Informanten – ein eleganter deutscher Vermögensverwalter, der sich nach einer glänzenden vierzigjährigen Karriere gerade aus dem Berufsleben zurückgezogen hatte – war derart darauf versessen, seine »Kriegsgeschichten« mit mir zu teilen, dass er erst nach dreieinhalb Stunden zu sprechen aufhörte, und auch das nur, weil die Kellner in dem Café, in dem wir saßen, begonnen hatten, rund um uns die Stühle auf die Tische zu stellen und den Boden aufzuwischen.

Wie bei Inspektor Columbo hatten die Interviews manchmal etwas von einer Beichte. Praktisch alle Vermögensverwalter, mit denen ich sprach, hatten wie die von Van Maanen studierten Polizisten das Gefühl, ihr Beruf werde missverstanden und unverdientermaßen verteufelt. Einige von ihnen sahen in den Interviews vielleicht eine Gelegenheit, ein schiefes Bild geradezurücken. Andere hatten Gewissensbisse, weil ihre Arbeit zur wachsenden wirtschaftlichen und politischen Ungleichheit in der Welt beitrug.[4] Es wäre riskant gewesen, ihre Zweifel mit ihren Kollegen (die dieses Eingeständnis gegen sie verwenden konnten) oder mit ihrer Familie zu teilen (da diese möglicherweise um ihren Lebensunterhalt fürchten würde). Hingegen konnten sie ein Interview mit mir als inoffizielle Beichte nutzen.

Diese beiden ersten Jahre der Ausbildung zur Vermögensverwalterin, die mich in direkten Kontakt mit Kollegen brachten und mir zeigten, dass diese Fachleute tatsächlich mit mir sprechen würden, lieferten den Machbarkeitsnachweis, den ich brauchte, um Zugang zu Forschungszuschüssen zu erhalten und das Projekt voranzutreiben. In den folgenden sechs Jahren bereiste ich sämtliche Weltregionen: Ich besuchte glitzernde europäische und nordamerikanische Metropolen, Entwicklungsländer in Südamerika und Afrika, die Inseln im Indischen Ozean, die Karibik und den Südpazifik. Meine Qualifikation öffnete mir Türen, die für die Öffentlichkeit verschlossen waren, und erlaubte es mir, mich bei Branchentreffen mit Vermögensverwaltern zusammenzusetzen oder sie in ihren Büros zu interviewen.

In diesen Jahren hat sich das Offshore-System weiter verändert und überraschende Geheimnisse preisgegeben. Im September 2015, als ich einem Verleger mein erstes Buch über die Offshore-Finanzen (*Capital Without Borders*) vorlegte, waren die *Panama Papers* noch nicht veröffentlicht worden. Aber sechs Monate später bekam die Weltöffentlichkeit plötzlich all die Leichen zu Gesicht, die im Offshore-Keller versteckt gelegen hatten: 11,5 Millionen Dokumente der in Panama-Stadt ansässigen Vermögensverwaltungsfirma Mossack Fonseca. Die folgenden beiden Offshore-Leaks, die *Paradise Papers* (2017) und die *Pandora Papers* (2021), öffneten der Welt die Augen dafür, dass die finanzielle Korruption ein fast unvorstellbares Ausmaß angenommen hatte. Man hätte es für eine Verschwörungstheorie halten können, wären die Dokumente nicht für jedermann sichtbar gewesen. Spätere Enthüllungen über den Einfluss der Offshore-Finanzen auf Wahlen auf beiden Seiten des Atlantiks sowie über ihren Beitrag zur Invasion der Ukraine im Jahr 2022 haben bewiesen, wie mächtig dieses Geheimsystem nach wie vor ist. Was zu Beginn des Jahrtausends als ein esoterisches Forschungsthema erschien, das sogar auf wohlmeinende Kollegen in der Wirtschaftssoziologie unergiebig wirkte, erwies sich immer von Neuem als sehr bedeutsam.

Bis heute habe ich 70 Vermögensverwalter in 19 Ländern interviewt, und solange es mir möglich ist, werde ich weiter Daten sammeln. Jeden Monat und manchmal öfter lerne ich etwas Neues über die Funktionsweise des Offshore-Systems und darüber, wie es sich weit über die Welt der Superreichen hinaus auf das Alltagsleben auswirkt. Nach sechzehnjähriger Forschung scheint mir geradezu prophetisch, was Van Maanen nur neun Monate nach Beginn meiner Arbeit zu mir sagte: Er war überzeugt, dies sei ein »Lebensprojekt«.

Alles fing damit an, dass ich als Kind ein Geheimnis über sehr reiche Menschen erfuhr: Sie waren in allen Lebensbereichen auf bezahlte Hilfe angewiesen. Das war der Schlüssel, der mir das Tor zu einem neuen Forschungsgebiet öffnete. Aber die Untersuchung der Geheimnisse und der legalisierten Gesetzlosigkeit mancher Angehöriger der globalen Eliten erforderte Fähigkeiten, die man in einer akademischen Laufbahn nicht erwerben kann. Um durch den Dienstboteneingang in ihre Welt einzutreten, brauchte ich Kreativität und Einfallsreichtum, denn nichts in der methodologischen Ausbildung, die ich erhalten hatte, hatte mich darauf vorbereitet, an geheime Orte vorzudringen, an denen ich nicht willkommen war. Wie das gelingen konnte, musste ich im Verlauf meiner Reise herausfinden; und ich musste trotz einiger unerwarteter Gefahren hartnäckig bleiben. Auf einige der wertvollsten Informationen stieß ich, weil Dinge vollkommen schiefgingen. Es ist eine Sache, zu wissen, dass die Klienten von Offshore-Finanzdienstleistungen alles tun werden, um ihre Geheimnisse zu wahren. Doch sehr viel aufschlussreicher ist es, in der Realität zu erfahren, dass sie es tatsächlich todernst meinen.

Kapitel 1

# DIE NICHT AUTORISIERTE BIOGRAPHIE EINES GEHEIMEN SYSTEMS

Das eigentliche Thema dieses Buchs ist ein System. Wenn wir an ein System denken, stellen wir uns oft etwas Langweiliges und Unpersönliches vor. Aber das System der Offshore-Finanzen eignet sich als Stoff für Thriller und Skandalgeschichten in der Regenbogenpresse. In der Besetzungsliste dieser Dramen finden wir Prominente und moderne Freibeuter. Im Jahr 2006 zeigten die *Panama Papers* erstmals der breiten Öffentlichkeit das Innenleben dieses Systems. Diese sensationelle Veröffentlichung deckte ein Netz von Offshore-Verbindungen auf, in das prominente Figuren wie die Schauspieler Jackie Chan und Emma Watson, der saudische König und Spitzenmanager wie ein ehemaliger Geschäftsführer von Adidas verwickelt waren. Und die *Panama Papers* haben gezeigt, dass die Offshore-Finanzen unsere wichtigsten demokratischen, wirtschaftlichen und sozialen Institutionen untergraben und das Alltagsleben von Milliarden Menschen beeinträchtigen.

Doch obwohl die *Panama Papers* und die folgenden Leaks großes Aufsehen erregt haben, finden die Offshore-Finanzen bei Weitem nicht die Aufmerksamkeit, die ihnen zustünde – geschweige denn, dass sie Widerstand ausgelöst hätten. Das hat einen einfachen Grund: Die meisten Leute haben rasch wieder vergessen, dass das Offshore-System existiert. Gelegentlich werden wir in den Nachrichten daran erinnert, etwa durch den größten Fall von Steuerbetrug in der amerikanischen Geschichte: Einem Software-Unternehmer war es gelungen, 2 Milliarden Dollar auf Konten in Steueroasen zu verstecken.[1] Doch die Berichterstattung führt uns nur selten vor Augen, dass diese Art von Betrug tatsächlich uns alle betrifft. Den wenigsten Leuten ist klar, dass sie sehr viel höhere Steuern zahlen und dass ihre Bankkredite sehr viel teurer sind, weil die Elite ihr Geld in Treuhandfonds auf den Cookinseln oder Briefkastenfirmen in South Dakota versteckt. Und kaum jemand weiß, wie viel von dem Schwarzgeld, das die Demokratien untergräbt und die Umweltzerstörung beschleunigt, durch Offshore-Finanzzentren fließt. Die Öffentlichkeit sollte wissen, dass es bei den Offshore-Finanzen nicht nur um ungezogene Promis und Steuerhinterziehung geht: Das Offshore-Finanzsystem ist die Voraussetzung für einen Aufstand von Eliten, welche Gleichheit vor dem Gesetz, wirtschaftliche Stabilität, freie Märkte und soziale Solidarität ablehnen.

In den Medien ist oft von »Steueroasen« die Rede, aber dieser Begriff ist irreführend. Er verrät uns wenig darüber, was die Offshore-Finanzen tatsächlich sind. Das Offshore-System verkauft den Reichen Geheimhaltung. Die Möglichkeit, Steuern zu hinterziehen, ist nur eines von vielen Produkten, die in diesem Geschäft angeboten werden.

Reichtum und Geheimhaltung gehen Hand in Hand, wie der Soziologe Georg Simmel vor mehr als einem Jahrhundert beobachtete. Jene Art von Ungleichheit, die über Generationen hinweg Bestand hat und wächst, die dazu führt, dass die Reichen immer reicher werden, während alle anderen auf der Stelle treten, gedeiht am besten, wenn sie unentdeckt bleibt. Geheimnisse können an sich eine Art von Vermögen sein: Simmel bezeichnete sie als »inneres Privateigentum«. Wie Gold und Edelsteine, schrieb er, schmückten manche Geheimnisse ihren Besitzer und signalisierten anderen: »Ich habe etwas, was du nicht hast.«[2] Die Metapher ist gut gewählt: Während die große Mehrheit der Menschen genauer überwacht wird als je zuvor, hat sich das geheime Offshore-Konto in ein luxuriöses Statussymbol und in ein unverzichtbares Werkzeug für den Machterhalt verwandelt.

Geheimhaltung ermöglicht Straffreiheit: Sie befreit eine Person von dem Zwang, sich an die gesellschaftlichen Normen und an das Gesetz zu halten. Indem sich Unternehmen und eine sehr kleine Gruppe von Privatpersonen – darunter viele der etwa 3000 Milliardäre der Welt – in »Geheimnisoasen« zurückziehen, können sie sich den Beschränkungen und Verpflichtungen entziehen, die für die meisten von uns selbstverständlich sind. Die Freiheit, keine Steuern zahlen zu müssen, ist nur der Anfang. Deshalb werden die Offshore-Finanzzentren als »Steuerparadiese« bezeichnet: Für einige mit großem Reichtum gesegnete Personen werden an diesen jenseitigen Orten viele irdische Regeln außer Kraft gesetzt.

Ihnen drohen Rechtsstreitigkeiten? Bringen Sie Ihr Vermögen auf die Cookinseln, wie es die Rothschilds und viele andere vermögende Familien getan haben. Die Gesetze dieses winzigen Archipels – ein Shangri-La, das zwischen Fidschi und Tahiti in der Südsee liegt – schützen Ihr Vermögen nicht vor Steuern, aber sie sind eine unüberwindliche Mauer, die Ihr Geld vor Ansprüchen ausländischer Kläger schützt.[3] Nicht einmal der amerikanischen Regierung ist es gelungen, auf den Cookinseln versteckte Vermögenswerte von Betrügern zu beschlagnahmen, die von einem Bundesgericht verurteilt worden sind. Einer von ihnen ist Kevin Trudeau, der ein Vermögen mit Infomercials verdient und in einer Reihe von Büchern Verschwörungstheorien verbreitet hat – eines davon trägt ironischerweise den Titel *Debt Cures »They« Don't Want You to Know About*.[4] Trudeau schuldet dem amerikanischen Staat 37,6 Millionen Dollar.[5] Das Offshore-Finanzsystem funktioniert so gut, dass der wirtschaftlich und politisch mächtigste Staat der Welt außerstande ist, auch nur einen Cent von dem Geld einzutreiben, das Trudeau laut einem Gerichtsurteil aus dem Jahr 2011 zurückzahlen muss.

Aber ein Offshore-Konto kann noch viel mehr leisten: Ihnen steht eine kostspielige Scheidung bevor? Kein Problem: Laden Sie Ihr Vermögen einfach in einem Offshore-Trust ab. Dann gehört es rechtlich nicht mehr Ihnen, weshalb es nicht von einem Gericht gepfändet werden kann. Nehmen wir den Fall des russischen Milliardärs Dmitri Rybolowlew, der vor einigen Jahren die nach eigener Aussage »teuerste Scheidung aller Zeiten« hinter sich brachte.[6] Aber obwohl ein Gericht in der Schweiz seiner Exfrau Elena anfangs die Hälfte von Rybolowlews Vermögen von rund 9 Milliarden Dollar zusprach, entschied ein Berufungsrichter später, dass der Großteil des Geldes nicht vom Scheidungsurteil erfasst wurde, da es von einem Treuhänder verwahrt wurde und daher ein unangreifbares Sondervermögen war.[7]

Sie möchten sich lieber nicht an die Vorschriften zur Wahlkampffinanzierung oder an Umweltschutzbestimmungen halten? Die Einhaltung solcher Regeln ist teuer und beschränkt unseren Einfluss. Unternehmen, Stiftungen und Trusts machen es möglich, solche Rechtsvorschriften zu umgehen. Beispielsweise wird die Zerstörung des oft als »Lunge der Welt« bezeichneten Amazonas-Regenwalds seit einigen Jahren mit Geldern aus Offshore-Konten finanziert.[8] So werden die Projekte in einen Nebel der Geheimhaltung gehüllt, was es den Geldgebern erlaubt, sich der Kontrolle durch Aufsichtsbehörden und Medien zu entziehen. Kürzlich wurde aufgedeckt, dass der ehemalige chilenische Staatspräsident Offshore-Konten genutzt hatte, um nicht nur Bestechungsgelder zu verstecken und in seinem Heimatland Steuern zu hinterziehen, sondern obendrein eine weitere Quelle seines persönlichen Reichtums zu verbergen: Er hatte Geld mit einem illegalen Bergbauprojekt verdient, das die Existenz von 80 Prozent der weltweiten Bestände von Humboldt-Pinguinen bedroht.[9]

Nach Angaben von Financial Action Task Force, einer internationalen Organisation, die unter anderem die Einhaltung der Vorschriften gegen Geldwäsche beobachtet, zählen Umweltverstöße zu den einträglichsten Vergehen überhaupt: Im Jahr 2021 schätzte die Einrichtung, dass Kriminelle jedes Jahr zwischen 110 und 280 Milliarden Dollar mit Umweltzerstörung verdienen.[10] Diese Erträge wären nicht mehr wert als Monopoly-Spielgeld, wenn es das Offshore-Finanzsystem nicht gäbe: Bevor all die Milliarden für Luxusvillen und Superjachten ausgegeben werden können, müssen sie gewaschen und wieder ins legitime Finanzsystem geschleust werden. Das wäre unmöglich ohne die Offshore-Finanzzentren und ihre »lockeren Vorschriften«. Wenn Sie bei einer Bank eine große Einlage vornehmen – vielleicht als Anzahlung für ein Haus –, müssen Sie die Herkunft dieses Geldes nachweisen. Wenn Sie kein Gehalt beziehen, das ein Bankguthaben von 2 Millionen Dollar rechtfertigt, wird die Bank keine Geschäfte mit Ihnen machen. In Steueroasen stellen Banken auch bei großen Einlagen oft keine Fragen. Hat man sein Geld an Orten wie Zypern oder Nevis, wo keine unangenehmen Fragen nach illegaler Fischerei oder fragwürdigen Rodungen gestellt werden, einmal in eine Briefkastenfirma oder einen Trust gesteckt, so können diese Einrichtungen das Geld zu angesehenen Banken und Unternehmen in London oder New York weiterleiten – und schon ist dieses Geld »sauber«. Nun kann sein Besitzer nach Belieben darüber verfügen.

Komischerweise leiden gerade die Offshore-Finanzzentren, die derartige Verbrechen ermöglichen, oft besonders unter dem Klimawandel. Der Stadtstaat Singapur, der wegen seiner blühenden Offshore-Finanzen auch als »Schweiz Asiens« bezeichnet wird, richtete im Jahr 2023 ein Forschungszentrum ein, um das zu bekämpfen, was die Regierung als »existenzielle Bedrohung« durch den Anstieg des Meeresspiegels bezeichnete.[11] Diese Umweltbedrohung ist teilweise von der Finanzindustrie selbst heraufbeschworen worden. Dasselbe gilt für die Cayman Islands, die ihre für das Gleichgewicht ihres Ökosystems unverzichtbaren Feuchtgebiete verlieren, weil die Unternehmen, die ihr Geld mit den Offshore-Finanzen verdienen, immer mehr Land für neue Bürogebäude brauchen. Die Mangrovenwälder halten buchstäblich das Land zusammen und verhindern, dass Wirbelstürme die Inseln zerfetzen. Schreitet die Erschließung der Feuchtgebiete weiterhin so schnell voran wie bisher, so werden die Mangrovenwälder im Jahr 2108 verschwunden sein.[12]

Diese Beispiele und die Fantasie anregende Bezeichnungen wie »Steuerparadies« und »Steueroase« können den Eindruck vermitteln, das Netz der Offshore-Finanzzentren bestehe aus malerischen Inseln mit weißen Sandstränden. Die Realität sieht ganz anders aus. Offshore-Finanzzentren sind Rechtsräume (Länder, Überseegebiete oder Stadtstaaten wie Singapur), in denen die Gesetze so gestaltet sind, dass sie ausländisches Kapital anlocken können – weniger von Investoren, sondern vor allem von vermögenden Personen und multinationalen Unternehmen, die sich den Gesetzen *anderer* Länder entziehen wollen. Um das zu erreichen, beschränken Offshore-Finanzzentren ihre Vorschriften auf ein Mindestmaß und ziehen kaum Steuern ein. Doch ihr mit Abstand wichtigstes Angebot ist die Geheimhaltung. Um diese zu gewährleisten, erlassen sie Gesetze, die vorschreiben, dass Identität und Vermögenswerte von Unternehmens- und Privatkunden vertraulich behandelt werden müssen. Daher kann man unmöglich feststellen, wie viele Personen und Firmen das Offshore-Finanzsystem nutzen oder wie viel Geld tatsächlich in diesem System versteckt wird. Der Ökonom Gabriel Zucman und seine Kollegen an der Berkeley University schätzen, dass Ende des Jahres 2022 Privatvermögen im Umfang von mindestens 12 Billionen Dollar in Offshore-Finanzzentren versteckt waren. Das entsprach etwa 12 Prozent der weltweiten Wirtschaftsleistung in jenem Jahr. Diese gewaltigen Geldströme und die Integration von Offshore-Finanzstrategien in den Unternehmensalltag (die meisten amerikanischen Rentenfonds und Unternehmensanleihen stützen sich auf Offshore-Firmen) zeigen, dass das Offshore-Finanzsystem keineswegs weit entfernt oder unzugänglich ist. Es ist ein zentraler Bestandteil der Weltwirtschaft.[13]

Man muss nicht weit reisen, um eine Steueroase zu finden, in der Geheimhaltung praktiziert wird. Einige der beliebtesten Offshore-Finanzzentren der Welt befinden sich auf amerikanischem Boden. Die Einwohner der Vereinigten Staaten bezeichnen diese Steueroasen als Bundesstaaten. Delaware ist eines der bekanntesten Steuerparadiese für Unternehmen, und viele Reiche bewahren ihr Vermögen – sofern sie keine amerikanischen Staatsbürger sind – in South Dakota, Wyoming und Nevada auf.[14] Viele Personen mit einem hohen Nettovermögen ziehen die Vereinigten Staaten mittlerweile der Schweiz als Mekka der Verschwiegenheit und Sicherheit vor.[15]

Wie diese Beispiele zeigen, kann der Begriff »Offshore« irreführend sein. Jeder Ort, auch ein Binnenstaat wie die Schweiz, Luxemburg oder Wyoming, kann für bestimmte Gruppen ein Offshore-Finanzzentrum sein. Einige dieser Orte entsprechen tatsächlich dem Bild von der Steueroase, das wir uns in unserer Fantasie ausmalen, aber die Bezeichnung »Offshore« ist lediglich ein historisches Überbleibsel aus der Ära des Seehandels. Im Zeitalter der Entdeckungen, als die meisten Güter nur mit dem Schiff um den Erdball befördert werden konnten, richteten die Handelsnationen als »Freihäfen« bezeichnete Sonderwirtschaftszonen ein. An diesen Orten galten die üblichen Einschränkungen für den freien Güterverkehr nicht. Damals gab es unter anderem Bestimmungen dazu, welche Länder bestimmte Güter ausführen durften und welche Steuern auf die Transaktionen erhoben wurden. Ähnliche Regelungen wie in den Freihäfen gelten noch heute in Duty-free-Shops an Flughäfen oder in Kreuzfahrthäfen.

Die Einrichtung von Zonen, in denen die normalen Gesetze nicht galten, war eine unverzichtbare Voraussetzung für das Wachstum der Kolonialreiche im 17. Jahrhundert, als der Imperialismus in Konflikt mit dem Merkantilismus geriet. Abgeschottete Handelsräume, die durch protektionistische Regeln vor ausländischer Konkurrenz geschützt wurden – ein Beispiel war die Regel, dass englische Kolonien nur mit englischen Kaufleuten Handel treiben durften –, schränkten das Gewinnpotenzial ein. Damit die Märkte für Produkte aus den Kolonien (etwa Zucker oder Tabak) wachsen konnten, mussten an bestimmten Orten die Gesetze teilweise außer Kraft gesetzt werden, damit auch Kaufleute, deren Schiffe unter der Flagge rivalisierender Großmächte segelten, Zugang zu diesen Produkten erhielten.[16]

Die Einrichtung von Freihäfen auf kolonisierten Inseln war die Lösung der Kolonialmächte für dieses Problem. Einige Gesetze behielten hier ihre Gültigkeit, darunter jene zum Schutz des Privateigentums und zur Durchsetzung von Verträgen. Aber die Beschränkungen dafür, wer mit wem Handel treiben durfte, wurden an diesen Orten weitgehend aufgehoben, und die meisten Steuern wurden hier nicht erhoben.[17] Den Inseln, auf denen die Freihäfen entstanden, verdanken wir den Begriff *Offshore* (»vor der Küste«, »nicht dem Inland zugehörig«).

Die gemeinsame Geschichte von Kolonialismus und Offshore-Finanzen begann also mit einer selektiven Befreiung von der Pflicht, sich an das Gesetz zu halten. Aber die Verbindung zwischen den beiden Systemen war nicht auf die Freihäfen beschränkt: Beide blieben über die Jahrhunderte hinweg eng verknüpft. Besonders gut sieht man das an der Entkolonialisierung in den sechziger und siebziger Jahren. Das heutige System der Offshore-Finanzen beruht auf den rechtlichen, finanziellen und sozialen Strukturen, die von den Kolonialmächten zurückgelassen wurden. Daher reproduziert das Offshore-Finanzsystem viele Mängel des Kolonialismus in moderner Form und begünstigt die gesetzwidrige Ressourcenextraktion sowie das Wachstum von finanzieller, geschlechtsabhängiger und ethnischer Ungleichheit.

Das verursacht gewaltige gesellschaftliche Kosten. Ökonomen wie Zucman schätzen, dass den Staaten der Welt aufgrund der privaten Vermögensabflüsse in Unternehmen, Trusts und Stiftungen in Steueroasen jedes Jahr *mindestens* 110 Milliarden Dollar an Steuereinnahmen entgehen; hinzu kommen große Mengen an gestohlener Entwicklungshilfe und andere Korruptionserträge.[18] Weitere 500 Milliarden Dollar büßen die Staaten jährlich ein, weil multinationale Unternehmen Offshore-Finanzzentren zum Steuersparen nutzen. Da den Staaten

Steuereinnahmen vorenthalten werden, die für die Bereitstellung grundlegender öffentlicher Dienste – darunter öffentlicher Verkehr, Gesundheitswesen und Wohnungsbau – benötigt werden, leidet unser Lebensstandard und wir alle büßen Chancen ein. Mit den verlorenen 600 Milliarden hätten viele Krankenhäuser, Straßen, Sozialwohnungen und Kindertagesstätten bezahlt werden können. Solche Infrastruktureinrichtungen sind Voraussetzung für die wirtschaftliche Entwicklung und fördern die soziale Aufwärtsmobilität und Stabilität.

Aber das ist nicht alles. Die Nutzung der Offshore-Finanzen durch Superreiche und Unternehmen beraubt nicht nur die Allgemeinheit grundlegender Dienste und schränkt die wirtschaftliche Entwicklung ein, sondern lädt der Gesellschaft auch eine Bürde auf, deren sie sich nicht bewusst ist. Vor mehr als 20 Jahren schätzte Charles Rossotti, der damalige Leiter der amerikanischen Steuerbehörde IRS, die Steuerbelastung des Durchschnittsbürgers sei um 15 Prozent erhöht, weil Einbußen ausgeglichen werden müssten, die dadurch entstünden, dass die Superreichen zu wenig Steuern zahlten.[19] Es ist wirklich eine Ironie, dass die Bürger eines Landes, das aus einer Revolte gegen ungerechte Steuern – der Boston Tea Party – hervorging, heute eine unfreiwillige und uneingestandene Abgabe entrichten, um die Steuervermeidung der reichsten Mitglieder der Gesellschaft zu subventionieren.

Die Mehrbelastung ist mittlerweile mit einiger Sicherheit größer als seinerzeit von Rossotti geschätzt, denn trotz deutlicher Steuersenkungen im Jahr 2017 nutzen die reichsten Amerikaner die Steueroasen intensiver als je zuvor.[20] Zucman und sein Kollege Emmanuel Saez haben eine dramatische Zunahme illegaler Aktivitäten von Spitzenverdienern in den Vereinigten Staaten beobachtet: Trotz sinkender Steuersätze hat sich die

Rate der Steuervermeidung unter den Reichen fast *verdoppelt*. Im Jahr 2018 vermied das einkommensstärkste 1 Prozent zwischen 20 und 25 Prozent der Einkommensteuer, die diese Personen eigentlich hätten abführen müssen.[21]

Weitere Forschungsergebnisse, die auf Daten der amerikanischen Steuerbehörde beruhen, zeigen, dass 21 Prozent der Einkommen der reichsten Amerikaner nicht gemeldet werden und nicht besteuert werden und dass ein großer Teil dieser Steuereinbußen damit zu erklären ist, dass »Vermögen im Ausland verborgen wird«.[22] Für 36 Prozent der Einbußen an Einkommensteuern in den Vereinigten Staaten ist das oberste 1 Prozent der Einkommensverdiener verantwortlich. Würden diese Leute einfach die Steuern zahlen, die sie dem Staat schulden – keine höheren Steuern, sondern einfach das, was sie nach heutiger Gesetzeslage abführen müssten –, so flössen jedes Jahr 175 Milliarden Dollar mehr in die Staatskasse. Nach manchen Schätzungen wäre das genug Geld, um sämtliche Amerikaner aus der Armut zu befreien.[23]

Wir sehen also, dass die Offshore-Finanzen nicht nur die Reichen betreffen: Sie beschränken die Möglichkeiten unserer Gesellschaften. Wenn man sieht, dass uns die Offshore-Finanzen zusätzliche Steuern aufbürden, während der Staat weniger Leistungen erbringen kann, sollte man meinen, dass sich das Volk erheben wird. Doch die Reaktion bleibt aus. Der Grund ist, dass die meisten Menschen den Zusammenhang zwischen den Offshore-Finanzen und der Einschränkung und Verschlechterung der öffentlichen Dienste nicht sehen. Dem Offshore-Finanzsystem und denen, die es nutzen, ist es sehr gut gelungen, ihre Aktivitäten zu verschleiern.

Selbst in unserer Ära der umfassenden Überwachung bleibt die Verschiebung von Privatvermögen in Briefkastenfirmen,

Trusts und Stiftungen im Ausland weitgehend unsichtbar. Über den globalen Waffenschmuggel und den Drogenhandel ist sehr viel mehr bekannt als über die grenzüberschreitenden Geldflüsse.[24] Obendrein ist es ausgesprochen schwierig, jenen Aspekt der wirtschaftlichen Ungleichheit zu studieren, der die wichtigste Rolle in den Offshore-Finanzen spielt und die größten Auswirkungen auf die Gesellschaft hat: das Vermögen. Soziale Bewegungen wie Occupy Wall Street haben die Aufmerksamkeit der Öffentlichkeit auf das »Eine Prozent« gelenkt, das heißt auf das 1 Prozent der Personen mit den höchsten *Einkommen*. Doch die meisten Probleme, die mit der wirtschaftlichen Ungleichheit einhergehen, haben ihren Ursprung in den *Vermögen*, das heißt in der Gesamtheit der Vermögenswerte einer Person (bestehend aus Ersparnissen, Investitionen, Grundeigentum und Unternehmensanteilen) abzüglich ihrer Schulden.

Dieser Wert, der auch als »Nettovermögen« bezeichnet wird, verursacht die langfristigen Probleme. Einkommensungleichheit hat nicht zwangsläufig negative Auswirkungen auf die Gesellschaft, denn sie ist oft vorübergehend. Beispiele sind ein jährlicher Erfolgsbonus oder ein Lotteriegewinn. Vermögen sind sehr viel stabiler als Einkommen. Ein Vermögen kann vererbt werden, sodass Kapital und unverdiente Vorteile über Generationen in einer Familie bleiben. Solche dauerhaften strukturellen Vorteile stören die Abläufe des freien Marktes und den demokratischen Prozess und beeinträchtigen den leistungsabhängigen Zugang zu Bildung, Arbeitsplätzen und politischer Macht.

Deshalb waren die amerikanischen Gründerväter so bemüht, viele Formen von vererbtem Vermögen zu beseitigen. Thomas Jefferson setzte nicht nur ein Verbot von Adelstiteln in den Vereinigten Staaten durch, sondern ging auch gegen die Formen der dynastischen Vermögenskonzentration vor, welche die Macht des Adels begründeten: gegen Fideikommiss und Erstgeburtsrecht, jene jahrhundertealten Praktiken, die gewährleisteten, dass Grundeigentum und andere Vermögenswerte nicht aufgeteilt, sondern stets zur Gänze auf den ältesten Sohn übertragen wurden. Jefferson war überzeugt, dass die Vereinigten Staaten keine Aristokratie des Vermögens brauchten, »die eher schädlich und gefährlich für die Gesellschaft ist, anstatt ihr zu nutzen«; vielmehr brauchten sie eine »Aristokratie von Tugend und Talent«.[25] Der politische Philosoph Thomas Paine, dessen Vorstellungen in die Unabhängigkeitserklärung und in die amerikanische Verfassung einflossen, teilte die Überzeugung seines Freundes Jefferson, fest verwurzelter Reichtum sei nicht mit der Demokratie vereinbar. Daher sprach er sich für eine progressive Vermögensteuer mit einem Spitzensatz von 100 Prozent aus.[26] Als der Kongress rund 140 Jahre später über die Einführung permanenter Einkommen- und Vermögensteuern debattierte, warnten Abgeordnete, die Nation müsse sich »vor der Bedrohung durch anormale Vermögen schützen«, die über Generationen hinweg weitergegeben würden.[27]

Dass erblicher Reichtum tatsächlich die Demokratie bedroht, hat sich in den letzten Jahren in aller Welt gezeigt.[28] Mit der zunehmenden Vermögensungleichheit geht ein Niedergang der Demokratie einher. Einer der Experten, mit denen ich gesprochen habe, ein in Cambridge ausgebildeter Historiker, der heute als Vermögensverwalter auf den Cayman Islands arbeitet, betrachtete nach jahrelanger Berufserfahrung den Schneeballeffekt von Steuervermeidung und Vererbung von Vermögen als sehr gefährlich: »Extrem reiche Personen können ihre Finanzen so strukturieren, dass ihre Steuerlast sehr viel geringer ist, als sie wäre, wenn es meine Arbeit und meine Branche nicht gäbe. Und wenn du einmal einen Vorsprung beim Vermögensaufbau hast, wird dieser Vorsprung trotz progressiver Steuern und Umverteilungsmaßnahmen weiter wachsen.« Er war zu einem für einen Angehörigen dieser Berufsgruppe überraschend düsteren Urteil gelangt: »Im Laufe der Zeit wird es immer schwieriger, diese Ungleichheit ohne eine Revolution zu beseitigen.« Aber die Menschen können sich nicht gegen ein Problem auflehnen, von dessen Existenz sie nichts wissen. Daher sind die Geheimhaltung, Unsichtbarkeit und Komplexität der Offshore-Finanzen die Säulen des Systems.

Das wahre Ausmaß und die Auswirkungen der heutigen Vermögensungleichheit zählen zu den wichtigsten Geheimnissen, die das Offshore-Finanzsystem verbergen soll.[29] Der Staat registriert die Einkommen im Rahmen seines Steuersystems, und ein Teil dieser Daten ist öffentlich zugänglich. Aber in vielen Teilen der Welt können Vermögen administrativ unsichtbar gemacht werden – sie werden nicht aufgezeichnet, können den wirklichen Eigentümern nicht mehr zugeordnet werden und werden daher praktisch nicht besteuert und reguliert. Diese Verschleierung ist eine zentrale Funktion des Offshore-Systems. Das gilt weniger für Unternehmensgewinne, sondern vor allem für individuelle Vermögen. Unternehmen sind auch im Ausland sehr viel strengeren Vorschriften und Offenlegungspflichten unterworfen als Privatpersonen.

Informationen über das tatsächliche Ausmaß der Vermögensungleichheit sind »politisch gefährlich«, wie die französische Soziologin Monique Pinçon-Charlot vor 25 Jahren beobachtete: Es handelt sich um ein säkulares »Tabu«, dessen Unverletzlichkeit durch eine Beschränkung des Zugangs zu den Daten gewahrt wird.[30] Selbst vertrauenswürdige Quellen wie die Survey of Consumer Finances (Erhebung zu Konsumausgaben), die wohlhabende Haushalte überabtastet,[31] liefern nur beschränkte Einblicke, »weil die üblichen Quellen für Vermögensdaten – die amtlichen Haushaltserhebungen – bei großen Vermögen zunehmend unzuverlässig werden«.[32] Wie ich in Interviews mit Vermögensverwaltern festgestellt habe, bezahlen manche Leute darüber hinaus professionelle »Schieber« dafür, dass sie ihren Namen aus den Forbes 400 und anderen »Listen der Reichen« heraushalten. Die Liste von Forbes 400 wird oft zitiert, zeichnet jedoch kein zutreffendes Bild der Superreichen. Der Grund dafür ist, dass Forbes nur registriertes Vermögen berücksichtigt, das heißt Dinge wie Aktien von börsennotierten Unternehmen. Nicht erfasst werden in Treuhandfonds gebundenes Vermögen und das Eigentum an Firmen, deren Aktien nicht gehandelt werden – also für die Mehrheit der weltweit aktiven Unternehmen.

Der Mangel an Information mag dazu beitragen, dass die meisten Menschen keine Vorstellung vom tatsächlichen Ausmaß der wirtschaftlichen Ungleichheit in ihrem Land haben. Beispielsweise haben Wirtschaftspsychologen festgestellt, dass die Amerikaner das Ausmaß der Vermögensungleichheit um 42 Prozent zu niedrig einschätzen.[33] Die räumliche Trennung der Arbeitsplätze und der Wohnorte von Reichen und Armen fördert diese Fehleinschätzung. Man kann sich kaum eine Vorstellung davon machen, wie die andere Hälfte lebt, wenn man sie nie zu Gesicht bekommt. Aber dieses Unwissen ist auch auf eine Strategie der Superreichen zurückzuführen, welche die extreme Geheimhaltung in den Offshore-Zentren nutzen, um die tatsächliche Tiefe der Kluft zu verbergen, die sich zwischen der Elite und der übrigen Bevölkerung aufgetan hat.

Das Konzept der politisch gefährlichen Information ist nicht neu, aber die Akteure im Offshore-System finden immer neue

Wege, um solche Information zu verbergen. Diese Innovationen haben neuartige Bedrohungen für Demokratie und Kapitalismus heraufbeschworen. Beide Systeme können nur richtig funktionieren, wenn Wähler und Marktteilnehmer Zugang zu zutreffender Information haben. Max Weber, einer der Begründer der modernen Soziologie, beschrieb dieses Problem vor einem Jahrhundert: Die Bürokraten in seinem Heimatland Preußen veröffentlichten nur Statistiken, die den Staat in ein vorteilhaftes Licht rückten, und behielten jene für sich, die politischen Widerstand hätten wecken können.[34]

Die Geheimhaltung ist also nicht auf das Verbergen beschränkt, sondern umfasst auch die Fragmentierung sowie die Verwendung von Fachjargon, den man als Geheimcode betrachten kann. Im alten Persien, schrieb Weber, verwendeten die Buchhalter des Schahs in ihren Büchern einen Code, den nur sie verstanden, womit sie das Vermögen des Herrschers zum Staatsgeheimnis machten. Georg Simmel beobachtete ähnliche Strategien bei Verbrecherbanden und Geheimgesellschaften des Adels, und auch die moderne Forschung zu Terrornetzen und Mafiaorganisationen hat solche Methoden zutage gefördert.[35] Wie der Soziologe Matthew Desmond von der Princeton University feststellt: »Komplexität ist der Zufluchtsort der Mächtigen.«[36] Das moderne Offshore-Finanzsystem hat diese uralte Strategie lediglich durch ausgefeilte rechtlich-finanzielle Methoden ergänzt.

Was ist mit all den Offshore-Leaks der vergangenen Jahre? Whistleblower, die politisch gefährliche Information offenlegen, verschieben das Machtgleichgewicht weg von den Geheimniskrämern zugunsten der Allgemeinheit. Einige Whistleblower werden berühmt, darunter Daniel Ellsberg, ein Militäranalyst, der die Rolle der Vereinigten Staaten bei der Ausweitung des

Vietnamkriegs aufdeckte, indem er der Presse die sogenannten *Pentagon Papers* zuspielte. Andere haben die Öffentlichkeit über die von fossilen Brennstoffen und Tabak verursachten Schäden aufgeklärt.[37] Im Fall der Offshore-Finanzen wurden Whistleblower, die sich unter ihren wirklichen Namen an die Medien wandten, darunter Hervé Falciani (Swiss Leaks) und Antoine Deltour (LuxLeaks), hart bestraft: Sie wurden vor Gericht gezerrt und zu Haftstrafen verurteilt.[38] Ihre Nachfolger, beispielsweise der »John Doe«, der die *Panama Papers* herausgab, haben es vorgezogen, anonym zu bleiben. Gemeinsam haben sie ein beispielloses Maß an vertraulichen Daten von Offshore-Klienten veröffentlicht. Aber obwohl diese Informationen in vielen Fällen explosiv sind – es hat sich herausgestellt, dass sogar Personen wie die britische Königin Elizabeth II., die das Vertrauen der Bevölkerung genoss, ihr Vermögen in Offshore-Konten versteckt haben –, sind sie bruchstückhaft und unvollständig. Solange wir die Vorgänge nicht anhand weiterer Daten einordnen können, können wir unmöglich wissen, ob die durchgesickerten Informationen ein realistisches Bild von Ausmaß und Bedeutung der in Offshore-Zentren versteckten Geheimnisse zeichnen.

Beispielsweise stammten die Daten in den 2016 durchgesickerten *Panama Papers* (11,5 Millionen Dokumente, die 2,6 Terabyte an Daten umfassen) allesamt aus einer einzigen Organisation, der in Panama ansässigen Anwaltskanzlei Mossack Fonseca. Die *Paradise Papers*, die 2017 an die Öffentlichkeit gelangten (13,4 Millionen Dokumente, 1,4 Terabyte an Daten) hatten ihren Ursprung in nur zwei Organisationen: der Anwaltsfirma Appleby aus Bermuda und der in Hongkong ansässigen Firma Asiaciti Trust, die Unternehmensdienstleistungen erbringt. Die im Jahr 2021 aufgetauchten *Pandora Papers* (11,9 Millionen Dokumente,

2,9 Terabyte an Daten) lieferten einen besseren Überblick, denn sie kamen aus 14 Organisationen, die Offshore-Finanzdienstleistungen erbrachten. Unter diesen in acht verschiedenen Ländern ansässigen Organisationen waren Anwaltskanzleien, Unternehmensdienstleister, Trust-Firmen und Beratungsfirmen. Der jüngste Leak hat Licht auf diese geheimnisvollen Aktivitäten geworfen, erfasst jedoch ebenfalls nur einen winzigen Teil der vielen Tausend Offshore-Dienstleister und Dutzenden Offshore-Finanzzentren.

Wenn die Offshore-Finanzen tatsächlich eine Bedrohung für die Gesellschaft darstellen, stellt sich die Frage, warum die Behörden diesen Aktivitäten nicht einfach ein Ende machen – wie Hunderte Ökonomen, Journalisten und Politiker empfohlen haben.[39] Das Offshore-System hat sich als bemerkenswert stabil erwiesen und bisher allen Versuchen widerstanden, die Schäden zu begrenzen, die es Volkswirtschaften, Demokratien und der Umwelt zufügt. Würde man das System vollkommen zerschlagen, so würde der Schleier der Geheimhaltung zerrissen, der die Offshore-Vermögen der Reichen und Mächtigen umgibt, und wie die *Panama*, *Paradise* und *Pandora Papers* gezeigt haben, sind viele dieser Personen selbst Staatschefs oder Finanzminister oder nehmen auf andere Art Einfluss auf die rechtlichen und Finanzsysteme. Sie stehen hier in einem Interessenkonflikt und wollen ihre Macht nicht nutzen, um ein System unter Kontrolle zu bringen oder zu zerschlagen, aus dem sie selbst großen Gewinn ziehen.

Beispielsweise übte David Cameron in seiner Zeit als britischer Premierminister scharfe Kritik an Prominenten, die Offshore-Konten nutzten, um Steuern zu sparen. Aber als die *Panama Papers* ans Licht kamen, erfuhr die Welt, dass Cameron selbst der britischen Öffentlichkeit vorenthalten hatte, dass er

Geld in einem in Panama-Stadt registrierten Trust angelegt hatte. Fünf Jahre später förderten die *Pandora Papers* zutage, dass der tschechische Ministerpräsident Andrej Babiš, der mit einer Kampagne gegen die Korruption an die Macht gekommen war, eine Reihe geheimer Offshore-Strukturen auf den Britischen Jungferninseln, in den Vereinigten Staaten und in Monaco genutzt hatte, um zig Millionen Dollar an durch Steuerbetrug erworbenem Schwarzgeld zu waschen. Mit dem Geld hatte er mehrere Villen an der Südküste Frankreichs erworben. Seit den großen Offshore-Leaks im Jahr 2016 sind viele ähnliche Fälle ans Licht gekommen, und es werden zweifellos weitere Skandale folgen.

Abgesehen von den Interessenkonflikten einzelner Politiker sträuben sich einige Länder hartnäckig dagegen, ihren Anteil am einträglichen Geschäft mit Offshore-Finanzdienstleistungen aufzugeben. Für viele Länder, darunter insbesondere postkoloniale Staaten mit kleinem Territorium und geringer Wirtschaftskraft – sie besitzen kaum natürliche oder Humanressourcen –, sind die Offshore-Finanzen eine wichtige Einnahmequelle. Diese Länder kassieren nicht nur hohe Gebühren auf Transaktionen und Verwaltungsdienste wie Firmenregistrierungen, sondern erzielen auch Steuereinnahmen dank der lokalen Arbeitsplätze in den Finanzdienstleistungen. Beispielsweise beziffert die Regierung der Britischen Jungferninseln den Anteil der Offshore-Finanzdienstleistungen am Bruttoinlandsprodukt des Landes auf mehr als die Hälfte, und die Einheimischen schätzen, dass diese Dienstleistungen sogar eher 70 Prozent der Wirtschaftsleistung des Landes ausmachen.[40] Eine weitere ehemalige britische Kolonie, die Insel Mauritius im Indischen Ozean, begann zwei Jahrzehnte später als die Jungferninseln, Offshore-Finanzdienstleistungen anzubieten, aber mittlerweile trägt das Geschäft mit den Geheimnissen rund 14 Prozent zum BIP von Mauritius bei – mehr als Landwirtschaft, Forstwirtschaft oder Fischerei.[41]

Das Phänomen ist jedoch nicht auf Kleinstaaten oder Entwicklungsländer beschränkt. Auch einige der reichsten Länder der Welt beteiligen sich am Offshore-Geschäft. Viele nationale und Provinzregierungen betrachten Offshore-Finanzdienstleistungen als unverzichtbaren Bestandteil ihrer Volkswirtschaft. Da der Großteil der globalen Offshore-Transaktionen über London und New York abgewickelt wird, bemühen sich sowohl Großbritannien als auch die Vereinigten Staaten, möglichst viel ausländisches Kapital im Land zu halten. Beispielsweise bieten beide Länder steuerliche und Gewinnanreize an, um den Erwerb von Immobilien auf ihrem Territorium für Ausländer besonders attraktiv zu machen, und fördern die Gründung von Firmen und Trusts, die das Vermögen von Ausländern verwalten können. Politiker erklären, dies komme indirekt den Bürgern zugute: Die Ausländer zahlten zwar nur geringe (oder überhaupt keine) Steuern, aber sie entrichteten Gebühren, gäben Einheimischen Arbeit und trieben den Wert von Immobilien in die Höhe, was die heimischen Hauseigentümer reicher mache.

Aus diesem Grund ist das Geschäftsmodell der Offshore-Finanzen für wirtschaftlich schwache amerikanische Bundesstaaten wie Delaware und South Dakota attraktiv. So wie viele postkoloniale Inselstaaten verfügen diese Bundesstaaten kaum über eigene Einnahmequellen. Also haben sie ihre Vorschriften gelockert, um ausländisches Kapital anzulocken. Delaware ist vor allem als Steueroase für Unternehmen bekannt, versucht ähnlich wie South Dakota aber auch, Personen mit hohem Nettovermögen für sich zu gewinnen. Als diese beiden und einige andere amerikanische Bundesstaaten ihre Vorschriften änderten, um das Zeitlimit für Treuhandfonds aufzuheben (solche Fonds schirmen Vermögen gegen Forderungen von Steuerbehörden, Gläubigern und anderen ab), flossen ihnen zusätzliche 6 Milliarden Dollar an Vermögenswerten zu, wodurch die Einnahmen von Finanzdienstleistern um durchschnittlich 20 Prozent stiegen.[42]

Den Staaten New York und Florida sind in dem Bemühen, ausländische Immobilienkäufer anzulocken, die auf der Suche nach Steuervergünstigungen und rechtlichem Schutz sind, so erfolgreich gewesen, dass das amerikanische Finanzministerium Anfang 2023 eine Warnung ausgeben musste: Russische Oligarchen versteckten ihr Vermögen in diesen Staaten in Luxusimmobilien, um sich den amerikanischen Sanktionen gegen Putins Regime zu entziehen: Amerikanische Bundesstaaten helfen ausländischen Staatsbürgern, sowohl die Bundesgesetze zu umgehen als auch die amerikanische Außenpolitik zu untergraben. Wie dieses Beispiel veranschaulicht, sind Offshore-Finanzdienstleistungen für einige derart lukrativ, dass sie die nationale Politik durcheinanderbringen. Regierung und Bundesbehörden verhängen Sanktionen und versuchen, den Offshore-Finanzen Fesseln anzulegen, aber die amerikanische Finanzindustrie weigert sich zu kooperieren. Patriotismus und nationaler Zusammenhalt treten in den Hintergrund gegenüber den gewaltigen Gewinnen, die man einstreichen kann, indem man internationales Recht untergräbt.

Dies ist nur ein Beispiel für ein Problem, das weltweit zu beobachten ist: Ohne internationale Koordinierung und Zusammenarbeit ist es unmöglich, den Offshore-Finanzen ein Ende zu machen oder Grenzen zu setzen. Aber die Staatengemeinschaft kann sich seit Jahrzehnten nicht auf ein geschlossenes Vorgehen einigen, weil der Status quo für einige wenige sehr profitabel ist. Außerdem gibt es keinen zentralen Kontrollmechanismus, der es ermöglichen würde, die länderübergreifende Kooperation durchzusetzen. Sogar multinationale Organisationen, die versucht haben, missbräuchlichen Offshore-Praktiken einen Riegel vorzuschieben – darunter die Organisation für Wirtschaftliche Zusammenarbeit und Entwicklung (OECD) mit ihren 38 Mitgliedsstaaten oder das Europäische Parlament, in dem 27 Staaten vertreten sind –, haben nur begrenzte Fortschritte erzielt.[43]

In der Soziologie gibt es eine Bezeichnung dafür: Wir haben es mit dem »Problem des kollektiven Handelns« zu tun. Dieses Problem tritt auf, wenn einzelne Einheiten – seien es Personen, Organisationen oder Länder – glauben, im Alleingang mehr gewinnen zu können als durch Zusammenarbeit mit anderen. Ein Beispiel für diese Denkweise lieferten die Vereinigten Staaten im Jahr 2014, als sich die Regierung Obama weigerte, sich an einer neuen Initiative der OECD zur Bekämpfung der Steuerhinterziehung in Steueroasen zu beteiligen. Dabei war die als Common Reporting Standard (CRS) bezeichnete Maßnahme keineswegs besonders ambitioniert: Die Teilnehmerländer würden sich zum automatischen Informationsaustausch über die in den Finanzinstitutionen auf ihrem Staatsgebiet verwahrten persönlichen Vermögen verpflichten. Durch diesen Informationsaustausch sollte es leichter werden, Steuerbetrüger und Geldwäscher zu entlarven, die Geld um den Erdball bewegen – ähnlich wie die amerikanischen Strafverfolgungsbehörden über die Grenzen der Bundesstaaten hinweg Datenbanken unterhalten, um flüchtige Kriminelle leichter aufspüren zu können.

Aber als es darum ging, die internationale Finanzkriminalität zu bekämpfen, lehnte es die Regierung Obama ab, sich den mehr als hundert anderen Ländern anzuschließen, die sich an der OECD-Initiative beteiligen wollten. Die amerikanische Regierung begründete ihre Entscheidung mit Redundanzen und Kosten: In einem Bericht des Rechnungshofs (des Government Accountability Office) hieß es, die amerikanische Steuerbehörde verfüge bereits über alle erforderlichen Werkzeuge, um Steuerbetrug zu verhindern, und eine Beteiligung am CRS könne den amerikanischen Finanzinstituten »zusätzliche Kosten und Berichterstattungslasten« aufbürden.[44] Man hätte meinen sollen, die zusätzlichen Verwaltungskosten wären ein geringer Preis für die Mehreinnahmen gewesen, die der Staat durch eine bessere Durchsetzung der Bestimmungen hätte erzielen können: Aus einem im Jahr 2023 von Harvard-Ökonomen gemeinsam mit dem Finanzministerium vorgelegten Papier geht hervor, dass für jeden Dollar, den die Finanzbehörde für Prüfungen aufwendet, zusätzliche Steuereinnahmen von 12 Dollar in die Staatskasten fließen.[45] Zahlreiche unabhängige Analysen haben gezeigt, dass die *Kosten* des CRS in Wahrheit nie das Problem waren. Vielmehr erklären die Autoren, das Problem seien die potenziellen *Gewinneinbußen* für die amerikanische Finanzindustrie, denn eine Beteiligung an der OECD-Initiative hätte die Geheimhaltung ihrer Offshore-Dienstleistungen beeinträchtigt und deren Attraktivität für Ausländer verringert. Ein Züricher Vermögensverwalter erklärte, dank ihrer Weigerung zur Kooperation würden die Vereinigten Staaten weiter in ausländischem Geld schwimmen, was es ihnen erlaube, ihren Wettbewerbsvorteil gegenüber anderen Offshore-Zentren zu verteidigen.[46]

Seit ihrer Entscheidung, sich nicht am Kampf anderer OECD-Länder gegen missbräuchliche Offshore-Praktiken zu beteiligen, sind die Vereinigten Staaten auf den Spitzenplatz im Financial Secrecy Index vorgestoßen. In dieser Rangliste werden die Länder abhängig von ihrer Bereitschaft eingestuft, »Personen dabei zu helfen, ihre Finanzen vor dem Gesetz zu verbergen«.[47] Im Jahr 2013 schafften es die Vereinigten Staaten nicht einmal unter die Top 5 der Länder, welche die finanzielle Verschwiegenheit großschrieben. Im Jahr 2022 hatten sie den Spitzenrang erobert und lagen mit großem Abstand vor der Schweiz, Luxemburg, Hongkong und Singapur. Für viele Superreiche in der Welt sind die Vereinigten Staaten mittlerweile der bevorzugte Bestimmungsort für Geld, das versteckt werden muss.

Kapitel 2

# DAS AUFMARSCHGEBIET FÜR DEN AUFSTAND DER ELITE

Einer der faszinierendsten Menschen, denen ich im Verlauf meiner Recherchen begegnete, war ein Kopfgeldjäger. Der Mann hatte in Oxford Jus studiert und beim Aufbau einer blühenden globalen Industrie geholfen, deren Funktion darin besteht, reiche Personen aufzuspüren, die ihre Schulden nicht begleichen. In seinem Büro in London verbrachten er und seine Mitarbeiter ihre Zeit damit, die sozialen Medien nach den Aufenthaltsorten superreicher, aber säumiger Schuldner zu durchforsten, um gerichtliche Vorladungen zustellen zu können. Die reichen Gesetzesflüchtigen entzogen sich Prozessen oft, indem sie in ihren Privatjets und Jachten verschwanden. Ich nannte den Kopfgeldjäger den »Boba Fett für den Jetset«.

Die Personen, die er aufspürte, hatten keine Kosten gescheut, um sich im Offshore-Finanzsystem Unsichtbarkeit zu kaufen: Der Großteil ihrer Vermögen war in Steueroasen registriert. Aber obwohl sie sichere private Fluchtrouten hatten, um sich ihrer Verantwortung zu entziehen, torpedierten viele von ihnen ihr Inkognito, denn sie konnten nicht anders, als ihren sozialen Status zur Schau zu stellen. Sie prahlten gern mit ihrem Reichtum: Sie posteten auf Instagram und Telegram Fotos davon, wie sie sich in Villen auf Sardinien, auf den Skipisten von Courchevel und an anderen Treffpunkten des internationalen Jetsets vergnügten.[1]

Der Kopfgeldjäger verfolgte diese öffentlich zugänglichen Spuren und stand jederzeit in den Startlöchern, um in dem Moment zuzuschlagen, in dem ein nicht zahlungswilliger Oligarch britischen Boden betrat. In diesem Moment konnten er oder seine Kollegen dem säumigen Schuldner die amtliche Mitteilung über das anhängige Gerichtsverfahren in die Hand drücken, womit die Mühlen des Gesetzes in Gang gesetzt wurden. Der Kopfgeldjäger empfand es als sehr befriedigend, Personen, die ein provozierendes Katz-und-Maus-Spiel mit ihren Gläubigern spielten und daran gewöhnt waren, ungestraft davonzukommen, zur Rechenschaft zu ziehen.

Seine Schilderungen deckten sich mit dem, was mir die Vermögensverwalter über ihre Klientel erzählt hatten. Auf den Cookinseln erzählte mir einer von ihnen von einem Klienten, der es geschafft hatte, bei der Bank of America einen Kredit über eine halbe Million Dollar aufzunehmen und nie zurückzuzahlen. Er hatte das Geld – sowie den Großteil seines übrigen Vermögens – auf den Cookinseln in einen Trust gesteckt und Konkurs angemeldet. Da der Mann nicht der gesetzliche Eigentümer des im Trust verwahrten Vermögens war, kam die Bank of America nicht an sein Geld heran. Die Bank gab auf. In dem Wissen, dass ihre Chancen, sich vor Gericht durchzusetzen, aufgrund der »Firewall-Gesetze« der Cookinseln schlecht standen, schrieb die Bank das Geld ab. Das gestohlene Vermögen blieb im Trust, und der Treuhänder (der gesetzliche Eigentümer) konnte es ausgeben, um die Rechnungen seines Klienten zu bezahlen und ihm einen luxuriösen Lebensstil zu ermöglichen. Der Vermögensverwalter verzichtete auf eine moralische Bewertung dieser Vorgänge; er hegte Bewunderung für den Klienten, der die Möglichkeiten, die ihm die Gesetze der Cookinseln eröffneten, meisterhaft genutzt hatte. Die meisten Leute würden das Verhalten des Mannes vermutlich anders beurteilen, aber die Superreichen und die Finanzexperten, die in ihrem Dienst stehen, sind nicht wie die meisten Leute. Viele von ihnen beanspruchen für sich eine Ausnahme von den Regeln, die alle übrigen Mitglieder der Gesellschaft befolgen müssen.

Ein weiterer Fachmann, den ich in der Schweiz besuchte, berichtete, einer seiner Klienten gehöre einem Club reicher Männer an, die überzeugt waren, sie seien »Nachfahren der Pharaonen und daher dazu bestimmt, die Welt zu erben«. Es kann kaum überraschen, dass solche Personen glauben, es sei unter ihrer Würde, ihre Schulden zu begleichen. Sie sind ein Adel ohne Verpflichtung.

Aber obwohl die Superreichen erwarten, alle gesellschaftlichen Annehmlichkeiten genießen zu können, ohne sich an den Kosten zu beteiligen, wollen sie die Rechtsstaatlichkeit nicht vollkommen beseitigen. Sie sind durchaus für die Gesetze, sofern diese *ihre* Eigentumsrechte schützen und ihnen dabei helfen, *ihre* vertraglichen Rechte durchzusetzen – und natürlich erwarten sie Zugang zu öffentlichen Gütern wie sauberem Trinkwasser, ordentlichen Straßen und Schutz durch die Polizei. Nur haben sie wenig dafür übrig, dem Gesetz *unterworfen* zu sein, ihren Beitrag zum Funktionieren des Staates zu leisten oder einzugestehen, dass ihr Wohlstand von einer freien, funktionierenden Gesellschaft abhängt.

Vor Kurzem musste Howard Schultz, der ehemalige Geschäftsführer von Starbucks, in einer Kongressanhörung erscheinen, und seine Erklärungen veranschaulichen seine völlige Gleichgültigkeit gegenüber den von den Steuerzahlern finanzierten öffentlichen Gütern, die seinen individuellen Erfolg überhaupt erst möglich gemacht haben. Schultz behauptete, er sei »aus dem Nichts gekommen«, und erklärte im nächsten

Atemzug, dass er in einer Sozialwohnung aufgewachsen sei. Ja, er habe Milliarden verdient, aber: »Niemand hat mir etwas geschenkt.« In seiner Darstellung fehlt jeder Hinweis darauf, wer die Sozialwohnung, das Straßennetz, die Telekommunikationsinfrastruktur, das Bankensystem und die ungezählten anderen öffentlichen Güter und Einrichtungen bezahlt hatte, die es ihm ermöglicht hatten, persönlichen Wohlstand zu erlangen. Andere Amerikaner hatten diese Dinge aufgebaut und mit ihren Steuern bezahlt, aber in der Geschichte vom »Selfmademan« Schultz kamen sie nicht vor. Komischerweise wurde Schultz nicht zuletzt deshalb reich, weil sich Starbucks sehr gut darauf verstand, Steueroasen zu nutzen: Mehr als ein Jahrzehnt lang vermied das Unternehmen dank Steuervergünstigungen in den Niederlanden den Großteil der Unternehmensteuern in Großbritannien und den Vereinigten Staaten und erhöhte auf diese Art Gewinn und Aktienkurs – und davon hing das Einkommen von Schultz ab.[2]

Natürlich ist Schultz keineswegs ein Einzelfall. Er ist nur einer von vielen Milliardären, die unter dem leiden, was die ansonsten sehr wirtschaftsfreundliche *Financial Times* resigniert als »zweckmäßige Amnesie« bezeichnet hat: Diese Leute vergessen die öffentlichen Investitionen, die ihren persönlichen Reichtum erst ermöglicht haben.[3] Weitere Beispiele sind die gewaltigen Vermögen der Google-Gründer Sergey Brin und Larry Page, deren Suchmaschine in der Entwicklungsphase von der National Science Foundation mit Steuergeldern finanziert wurde – und im vom Steuerzahler finanzierten Internet funktioniert, das ursprünglich als Kommunikationssystem für das Verteidigungsministerium entstand.

Ähnlich liegen die Dinge im Fall von Elon Musk: Finanzexperten weisen darauf hin, dass er nur dank hoher staatlicher

Subventionen zum Milliardär wurde: In einer CNN-Reportage wird geschätzt, dass Musks Unternehmen, die sich mehrfach am Rande des Konkurses bewegten, zwischen 2008 und 2019 mindestens 5,7 Milliarden Dollar an Zuschüssen und Krediten von der Bundesregierung erhielten. Ohne Unterstützung der öffentlichen Hand »wäre Musk nicht die reichste Person der Welt«, wie ein Wertpapieranalyst im Gespräch mit CNN erklärte. »Tatsächlich halfen ihm die amerikanischen Steuerzahler, die schwerste Zeit zu überstehen.«[4] Aber wie bei Musk nicht anders zu erwarten, hat er aggressiv Techniken der Vermögensverwaltung angewandt, um jahrelang kaum oder überhaupt keine Steuern zu zahlen. Gleichzeitig bekämpfte er leidenschaftlich Gesetzesvorhaben, die Milliardäre verpflichtet hätten, ihren fairen Anteil an den Steuern zu zahlen.[5] Für viele Angehörige der Elite bedeutet Freiheit im Grunde Freiheit von Besteuerung.[6]

Die Verweigerung der wechselseitigen Verpflichtung ist nicht zu rechtfertigen. Also wird sie verborgen, teilweise mittels der Offshore-Finanzen. Steuern zu zahlen ist ein Akt der gesellschaftlichen Solidarität, der andere Formen der Solidarität ermöglicht und der sozialen Inklusion dient. Wenn das Offshore-Finanzsystem einigen Personen (und Unternehmen) die Möglichkeit gibt, sich ihren Verpflichtungen als Steuerzahler zu entziehen, bedeutet das nicht nur, dass Straßen, Krankenhäuser und Schulen verkommen. Es bedeutet, dass die reichsten und mächtigsten Menschen der Welt die übrige Menschheit »um die Zeche prellen«: Sie profitieren von den kollektiven Anstrengungen zum Aufbau einer wohlhabenden Gesellschaft, weigern sich dann jedoch, ihren Teil der Rechnung zu begleichen.[7]

Eine besonders zerstörerische Wirkung des Offshore-Finanzsystems besteht darin, dass es diesen ungeheuerlichen Schwindel vor den Augen der Öffentlichkeit verbirgt. Superreiche gab es natürlich auch schon vor der Errichtung des Offshore-Systems in seiner gegenwärtigen Form. Um kein gefährliches Ressentiment zu wecken und eine Gegenreaktion der Gesellschaft zu vermeiden, versuchten sie normalerweise, sich mit Wohltätigkeit und Beiträgen zum Gemeinwohl moralisch zu rechtfertigen. Vor 550 Jahren polierten die Medici in Florenz ihr Image auf und beschwichtigten die Öffentlichkeit, die empört über den Vorwurf des Zinswuchers war – zu jener Zeit betrachtete die Katholische Kirche diese Praxis als Todsünde –, indem sie die wunderbaren Kunstwerke finanzierten, welche die Renaissance einleiteten. In den Vereinigten Staaten gründeten amerikanische Stahlbarone und Eisenbahnmagnaten wie Andrew Carnegie und Leland Stanford bedeutende Universitäten und finanzierten Hunderte öffentliche Bibliotheken.

Doch wie die *Panama*, *Paradise* und *Pandora Papers* gezeigt haben, gehören die Tage, in denen der Grundsatz »Adel verpflichtet« galt, im Wesentlichen der Vergangenheit an. Die Superreichen können nicht nur ihr Vermögen in Steueroasen verstecken, um sich vielen der gesellschaftlichen Verpflichtungen zu entziehen, die der Rest von uns als selbstverständlich akzeptiert, darunter die Steuerpflicht und die Pflicht zur Rückzahlung von geliehenem Geld. Die Geheimhaltung, die sie dank Briefkastenfirmen, Trusts und Stiftungen erwerben, erlaubt es ihnen auch, sich gegen soziale Kontrolle und Verurteilung abzuschirmen, die sie von solchem Verhalten abbringen könnten.

Deshalb lieben die reichsten Leute der Welt den Mantel der Unsichtbarkeit, in den sie sich in den Steueroasen hüllen können. Dieser Mantel verbirgt sowohl das wahre Ausmaß der wirtschaftlichen und politischen Ungleichheit als auch ihren Ursprung: ein radikales Vorhaben, das nicht nur antidemokratisch ist und gegen das Gesetz verstößt, sondern auch überraschend antikapitalistisch ist. Wie Sozialwissenschaftler und Historiker festgestellt haben, hat die Wirtschaftsordnung in der Offshore-Welt in mancher Hinsicht verblüffende Ähnlichkeit mit dem Feudalismus und sorgt für eine dynastische Vermögenskonzentration, die grundlegende kapitalistische Mechanismen außer Kraft setzt, darunter das Unternehmertum und freie Kapitalströme.[8]

So sind einige Historiker zu dem Schluss gelangt, dass die Offshore-Welt eigentlich nichts Neues ist. Vielmehr ist sie Teil der Bemühungen, zu Formen der wirtschaftlichen und politischen Kontrolle zurückzukehren, die in der Aufklärung beseitigt wurden: Der Historiker Raymond Craib von der Cornell University bezeichnet es als »eine ›Restauration‹ der Macht der Elite ähnlich jener in Frankreich nach der Rückkehr zur Monarchie im Jahr 1815«.[9] Das Offshore-Finanzsystem ist dafür gemacht, für die Außenwelt unverständlich und unkontrollierbar zu sein. So ist es zum globalen Aufmarschgebiet für eine Konterrevolution geworden.

Die heutige Offshore-Welt hat auch verblüffende Ähnlichkeit mit dem Atlantik in der Blütezeit der Piraterie im 17. Jahrhundert. Damals ging aus der aggressiven Räuberei von Figuren wie Henry Morgan, dem Namensgeber eines beliebten Rums, die »Plünderökonomie« hervor. Diese auf internationalen Netzwerken von Dieben und Räubern beruhende Methode des Vermögensaufbaus funktionierte nur, weil es »Piratennester« gab, in denen die Beute versteckt werden konnte.[10] Am Rand der kolonialen Vorposten – etwa im amerikanischen Kernland und in den karibischen Kolonien, die sich später in Zentren der Offshore-Finanzen verwandeln sollten – halfen die einheimischen Eliten den Piraten oft dabei, ihren wiederrechtlich erworbenen

Reichtum vor dem Gesetz ihrer Heimatländer zu schützen. Als Gegenleistung erhielten sie einen Teil der Beute.

Die Piraten lebten gut, aber kann man hier von Kapitalismus sprechen? Die meisten Ökonomen würden die Frage verneinen. Der Wirtschaftsnobelpreisträger Friedrich von Hayek, ein Symbol des Liberalismus, erklärte, der Kapitalismus könne nur in einer Umwelt gedeihen, in der Gesetze und gesellschaftliche Normen gewährleisteten, dass Ehrlichkeit, Fairness und Respekt für das Privateigentum herrschten. Hingegen beruht das Nutzenversprechen der Offshore-Finanzen auf *Un*fairness und *Un*ehrlichkeit: Die Geheimhaltung ermöglicht es, zu verschleiern, wer was besitzt, und das eröffnet die Möglichkeit, sich dem Gesetz zu entziehen. Das ist unvereinbar mit den seit Adam Smith von den Ökonomen beschriebenen unverzichtbaren Voraussetzungen für das Funktionieren des Kapitalismus. Auf freien Märkten gibt es durchaus Unehrlichkeit und Unfairness, aber die klassische volkswirtschaftliche Theorie sieht darin Störungen des Marktgleichgewichts, die schließlich bestraft und beseitigt werden, zum Beispiel, indem betrügerische oder räuberische Marktteilnehmer vom Markt verdrängt werden.[11]

Das Offshore-Finanzsystem beruht nicht auf einer kapitalistischen Logik, sondern auf räuberischem Verhalten. Es mag kapitalistisch wirken, weil einige Marktteilnehmer Gewinne erzielen und ihr wirtschaftliches Eigeninteresse befriedigen können. Aber das System ist darauf ausgerichtet, die Gesetze anderer Länder zu umgehen und Kapital zu horten, anstatt es produktiv einzusetzen.

Der Kapitalismus braucht die »schöpferische Zerstörung«, um die berühmte Formulierung des Ökonomen Joseph Schumpeter zu verwenden. Das bedeutet unter anderem, dass die Aktivität der Kapitalisten zwangsläufig mit Risiken verbunden ist. Für den einzelnen Kapitalisten, der Verluste erleidet, ist das schlecht, aber die Zerstörung ist nötig, um die Gesundheit und Lebensfähigkeit des Wirtschaftssystems zu erhalten. Wettbewerb und Innovation treiben den Wandel voran, und durch das Scheitern alter Geschäftsmodelle wird Kapital frei, das wieder in den Wirtschaftskreislauf eingespeist wird und von Unternehmern genutzt werden kann, die Neues hervorbringen. Dieser Kreislauf verhindert jene übermäßige Konzentration von Reichtum und Macht in den Händen weniger, die Hayek und Schumpeter als tödliche Bedrohung für die Dynamik des Kapitalismus betrachteten. Die Offshore-Finanzen hingegen ermöglichen es sehr reichen Personen, sich gegen viele Risiken und Verluste abzuschotten und ihren Reichtum rasch zu erhöhen.[12] Das dürfte der Grund dafür sein, dass der Milliardär Peter Thiel, der Gründer von PayPal – der im *Wall Street Journal* einmal einen Gastbeitrag mit dem Titel »Der Wettbewerb ist etwas für Verlierer« veröffentlichte – auf die Errichtung neuer Steueroasen versessen ist.[13]

Die Superreichen nutzen Steuerparadiese als finanzielle »sichere Häfen«, um unangemessene Risiken eingehen zu können. Macht sich das Risiko bezahlt, streichen sie die Gewinne ein. Schlägt ein Vorhaben fehl, so versetzt dasselbe System die Akteure in die Lage, vom Steuerzahler bezahlte Hilfspakete in Anspruch zu nehmen und die Verluste auf andere abzuwälzen. In dieser Welt gilt die Regel »Kopf, ich gewinne – Zahl, du verlierst«. Milliardäre wie Thiel nutzen den Schutz des Offshore-Systems, um den kapitalistischen Wettbewerb ad absurdum zu führen. Wie die Ökonomen Anastasia Nesvetailova und Ronen Palan erklären, entstehen heute viele Vermögen nicht, indem Wert erzeugt wird, sondern indem Eliten mit einer Hand die staatliche Aufsicht sabotieren und mit der anderen die Staatskasse plündern.[14]

In der Finanzkrise im Jahr 2008 war sehr gut zu sehen, wie dieses Wirtschaftsmodell funktioniert. Die Krise des Finanzsystems hatte ihren Ursprung im Zusammenbruch von zwei auf den Cayman Islands ansässigen Hedgefonds. Diese Fonds hatten sich sogar gemessen an den Maßstäben der Finanzindustrie maßlos verschuldet und waren im kaum regulierten Handel mit Wertpapieren, die fast niemand verstand, gewaltige Risiken eingegangen.[15] Nach Ansicht von Andrew Lo, der am MIT Finanzwirtschaft unterrichtet, zählten diese Hedgefonds zu den »verschlossensten Finanzinstituten«.[16] Genau diese Eigenschaft hatte entscheidenden Anteil an ihrer Zerstörungskraft. Da die Vorgänge auf den Cayman Islands undurchschaubar waren und die Aufsichtsbehörden die Aktivitäten der dortigen Finanzinstitute kaum verfolgen konnten, konnte dort die Saat für eine Katastrophe ausgebracht werden, deren Auswirkungen weit über die Wirtschaft hinaus zu spüren waren. Anfangs wurde die Rolle der Offshore-Hedgefonds in der Subprime-Krise in einigen Analysen heruntergespielt. Die Schuld wurde bei den Banken gesucht. Neuere Studien der amerikanischen Zentralbank deuten jedoch darauf hin, dass die Fonds eine entscheidende Rolle spielten, und zwar sowohl als Auslöser der Krise als auch später bei der systemischen Vergrößerung der Risiken in der Weltwirtschaft.

Der von den Offshore-Hedgefonds angerichtete Schaden war geradezu apokalyptisch: Der Internationale Währungsfonds (IWF) sprach von einer »beispiellosen Zerstörung von Vermögen«.[17] Alles in allem löschte die Finanzkrise 50 Billionen Dollar aus, was dem *globalen* BIP eines Jahres entspricht, das heißt dem Wert aller Güter und Dienstleistungen, die im Laufe eines Jahres von der Menschheit produziert werden. Millionen Menschen wurden durch den Verlust ihrer Arbeitsplätze und Häuser obdachlos, Tausende nahmen sich das Leben.[18] Der durchschnittliche amerikanische Haushalt brauchte ein Jahrzehnt, um den in den Jahren 2008 und 2009 verlorenen Wohlstand zurückzugewinnen. Und was geschah mit der Finanzindustrie, welche die Krise verursacht hatte? In den Vereinigten Staaten wurde ein staatliches Rettungspaket im Umfang von 700 Milliarden Dollar geschnürt, für das die Steuerzahler aufkommen mussten. Der Kongress bewilligte das Rettungspaket, damit die Banken keine Hypotheken mehr zwangsvollstrecken mussten und wieder beginnen konnten, Kredite zu vergeben. So sollte der wirtschaftliche Absturz verhindert werden. Doch viele Finanzinstitute verwendeten das Geld, um ihren Managern und Wertpapierhändlern, das heißt den Urhebern der Krise, üppige Boni zu zahlen.[19]

Ähnlich wie nach der Veröffentlichung der *Panama Papers*, die nur zu sehr wenigen Strafverfahren und Verurteilungen führte, wurde praktisch niemand für die Krise zur Rechenschaft gezogen. Nur einer der Banker, die zur Subprime-Krise beigetragen hatten, wurde ins Gefängnis gesteckt; alle anderen kamen ungeschoren davon, und viele von ihnen waren sogar noch reicher als vor der Krise.[20] Nur etwa die Hälfte der Firmen, die Hilfsgelder erhalten hatten, zahlten diese an die Bundesregierung zurück. Die Federal Reserve schätzt, dass die Krise etwa 70 000 Dollar des Lebenseinkommens jedes Amerikaners ausgelöscht hat.[21]

Nicht zum ersten Mal bürdeten einige der mächtigsten Personen der übrigen Gesellschaft die Kosten ihrer Waghalsigkeit auf.[22] Der verstorbene Politikwissenschaftler Michael Harrington (der nicht mit der Autorin verwandt war) bezeichnete das Resultat als »Sozialismus für die Reichen«.[23] Entgangen ist vielen Forschern, die dieses Phänomen untersucht haben, die Tatsache, dass diese Ungleichverteilung ihren Ursprung heute oft in Steueroasen hat, wo ein Mangel an behördlicher Aufsicht und die Steuerfreiheit es leicht machen, Risiken einzugehen und gewaltige Gewinne einzuheimsen. Die Geheimhaltung versetzt die Täter in die Lage, sich ihrer juristischen und finanziellen Rechenschaftspflicht zu entziehen.[24] Das wiederum stört die Marktsignale und verhindert die Disziplin, die erforderlich ist, damit der Kapitalismus funktionieren kann.

Einige Forscher betrachten das Offshore-System als Spielwiese für den »Ultrakapitalismus«, aber die Fakten deuten darauf hin, dass eher das Gegenteil zutrifft.[25] Vermögende Personen (und Unternehmen) nutzen das Offshore-System, um sich den inhärenten Risiken im Kapitalismus und den korrigierenden Marktkräften *nicht aussetzen zu müssen*. Die meisten Kapitalisten haben keinen Grund, bei Geschäften ihre Identität zu verbergen. Aber in den Steueroasen ist es üblich, dass Unternehmen nominelle Aktionäre und Geschäftsführer engagieren: Diese Personen stellen gegen Entgelt ihren Namen zur Verfügung, der in Firmenregister eingetragen werden kann, um die wirkliche Identität der Eigentümer und Entscheidungsträger eines Unternehmens geheim zu halten. Das ist keineswegs nötig, will man legitimen geschäftlichen Aktivitäten nachgehen. Hingegen hilft es dabei, sich aus der Verantwortung für Verluste zu stehlen und keine Rechenschaft gegenüber Investoren, Kreditgebern, Kunden und Aufsichtsbehörden ablegen zu müssen. Das hat nichts mit Kapitalismus zu tun – das ist einfach Betrug.

Dieser Betrug wiederum führt zur dynastischen Vermögenskonzentration, und dank ihres Erbes müssen sich die folgenden Generationen der Familie nicht den Marktkräften aussetzen. Vermögensmonopole von Familien oder Unternehmen sind unvereinbar mit der für das Gedeihen des Kapitalismus unverzichtbaren Dynamik und der Mobilität des Kapitals.[26] C. Wright Mills schrieb, Reichtum erhalte sich nicht nur von allein, sondern sichere den Reichen auch »ein Monopol auf die Aussicht auf ›großen Reichtum‹«.[27] Gleichzeitig macht Reichtum einiger weniger die übrige Gesellschaft ärmer, indem er die Steuereinnahmen verringert, die für Bildung, Verkehr, Gesundheitswesen und sozialen Wohnungsbau benötigt werden. Folglich entwickeln weniger Menschen die Fähigkeit zur Innovation, und noch weniger können es sich leisten, die Risiken auf sich zu nehmen, die unvermeidlich sind, wenn man ein neues Unternehmen aufbauen will. So stagniert das Unternehmertum. Ökonomen wie Thomas Piketty haben gezeigt, dass in hundert Jahren die reichsten Mitglieder der Gesellschaft einfach die Nachfahren derer sein werden, die heute am reichsten sind. Das wäre beinahe eine Rückkehr zum Feudalismus.[28]

Dass die Verringerung der Kapitalströme und die schwindende Aufwärtsmobilität, die unvermeidlich sind, wenn der Reichtum über Generationen hinweg in den Händen derselben Familien bleibt, mit dem Kapitalismus unvereinbar sind, wurde vor langer Zeit erkannt. Dieses Problem steht im Mittelpunkt von Max Webers Antwort auf die Frage nach dem Grund dafür, dass der Kapitalismus zu einer bestimmten Zeit an einem bestimmten Ort entstand: in einer Randgruppe kalvinistischer Kaufleute in Westeuropa und nicht unter den scheinbar günstigeren Bedingungen in den großen Handelsimperien Asiens, Afrikas und des Nahen Ostens. Beispielsweise sollte man meinen, dass das Osmanische Reich ein fruchtbarer Boden für den Kapitalismus war, nachdem es dank der Handelsrouten, die drei Kontinente miteinander verbanden und im 17. Jahrhundert die Lust der Europäer auf Kaffee und Tulpenzwiebeln geweckt hatten, zu fabelhaftem Reichtum gelangt war.

Gebremst wurden die Osmanen nach Einschätzung Webers nicht durch einen Mangel an kaufmännischem Geschick, sondern durch die Erfindung des *Waqf*, einer im islamischen Recht verankerten rechtlichen Institution, die Vermögen über die Generationen in den Händen reicher Familien bündelte. Der Zweck des Waqf, einer Art Stiftung, bestand eigentlich darin, Kapital für wohltätige Zwecke anzuhäufen, aber in der Praxis wurde es genutzt, um Vermögen zu vererben. Das erleichterte die Entstehung einer Rentiersklasse in der osmanischen Elite. Diese Rentiers lebten von Einkommen aus Grundeigentum und Investitionen, ohne neuen wirtschaftlichen Wert zu erzeugen. Statt die für die kapitalistische Wirtschaft erforderliche Dynamik zu erzeugen, führte dieses System zu Stagnation. Weber erklärte, »die höchst nachhaltige Immobilisierung akkumulierten Besitzes in Gestalt der Wakufgebundenheit – ganz dem Geist der antiken Wirtschaft entsprechend, welche akkumuliertes Vermögen als Rentenfonds, nicht als Erwerbskapital benutzte«, sei »für die ökonomische Entwicklung des Orients von sehr großer Bedeutung gewesen«.[29]

Spätere Forscher äußerten sich sehr viel deutlicher und führten die jahrhundertelange Unterentwicklung im Nahen Osten spezifisch auf die Institution des Waqf zurück. Der Grund dafür ist, dass im Waqf nicht nur Vermögen konzentriert wurde: Es entzog Privatvermögen auch der staatlichen Kontrolle – genauso, wie es heute das Offshore-System tut. Das Resultat war, dass es der gesamten Gesellschaft schlechter ging, während einige wenige fabelhaften Reichtum genossen. Der zeitgenössische türkisch-amerikanische Ökonom Timur Kuran erklärt, das Waqf habe dem Markt und der vom Staat vorangetriebenen Entwicklung, welche die Region in einen Motor des Kapitalismus hätte verwandeln können, gewaltige Ressourcen entzogen.[30] Es wird auch angenommen, dass das Waqf das Vorbild für den im Mittelalter in England erfundenen Trust war, eine Struktur, die später in Verruf geriet, weil sie übermäßig viel Vermögen in den Händen der Grundeigentümer bündelte und die kapitalistische Entwicklung in England um Jahrhunderte verzögerte. Tatsächlich hat die wachsende Beliebtheit des Trusts im Rahmen des globalen Wachstums der Offshore-Finanzen viele der wirtschaftlichen und gesellschaftlichen Probleme verschärft, die von diesen Strukturen verursacht werden.[31]

So schädlich das Offshore-System für den Kapitalismus ist, stellt es möglicherweise eine noch größere Bedrohung für die Demokratie dar. Die beiden Phänomene hängen zusammen: Die wirtschaftliche Macht, die dank der Offshore-Finanzen angehäuft werden kann, gibt einer kleinen Gruppe von Personen übermäßigen Einfluss auf den Staat. Beispielsweise berichtete ein ehemaliger Wirtschaftsberater der Regierung der Kanalinsel Jersey, die zu den beliebtesten Steueroasen der Welt zählt, Superreiche könnten Geheimvereinbarungen mit den Behörden der Insel schließen und »tatsächlich aushandeln, welche Steuersätze auf ihr Vermögen angewandt werden«.[32] Obwohl der Spitzensteuersatz in Jersey bei lediglich 20 Prozent liegt, müssen einige Personen gemäß privaten Vereinbarungen nur einen Bruchteil dessen entrichten oder zahlen überhaupt keine Steuern.[33] Unter diesen Bedingungen bieten einige Länder einer kleinen Gruppe superreicher Personen, die nicht einmal auf ihrem Staatsgebiet leben, Repräsentation ohne Besteuerung an.

Es mag den Anschein haben, als würden diese reichen Personen aus relativ harmlosem Eigennutz Hinterzimmergeschäfte machen. Doch wenn wir bedenken, welche Macht sie einsetzen können, um ihre Ziele zu erreichen, wird klar, dass dieser Eindruck täuscht. Viele der von mir befragten Vermögensverwalter warnten vor Ideologien ihrer Klienten und entsprechenden Offshore-Strategien, die in offenem Gegensatz zur Demokratie stünden. Eine in Zürich ansässige Expertin, die sich auf Klienten mit einem Vermögen von mehr als 50 Millionen Dollar spezialisiert hat, erklärte mir, ihre Kunden seien Personen,

> die über der Staatsangehörigkeit und über den Gesetzen stehen: Sie stellen vielleicht nur 0,2 Prozent der Weltbevölkerung, besitzen jedoch gewaltige Macht. [...] Es geht ihnen nicht ums Geld, sondern sie wollen Einfluss auf die Welt nehmen und unterwerfen Politik und Politiker ihren Wünschen. Das ist potenziell sehr gefährlich.

So untergraben die Offshore-Finanzen seit Jahrzehnten die Demokratie. Die Weltöffentlichkeit hat erst vor Kurzem gesehen, welchen Schaden sie angerichtet haben, weil die anfangs betroffenen Länder normalerweise kleiner sind und immer noch im Schatten der imperialen Macht stehen. Hier handelt es sich um Orte wie die etwa 150 Kilometer von der englischen Küste entfernte Insel Jersey im Ärmelkanal, wo ein nominell parlamentarisches System, das aus dem 13. Jahrhundert stammt, von der Finanzindustrie und ihren superreichen Klienten übernommen worden ist, die mehrheitlich nie einen Fuß auf die Insel setzen werden. In den fünfziger Jahren sahen Anwälte auf Jersey eine Chance, davon zu profitieren, dass in Großbritannien die Erbschaftsteuer bei 80 Prozent lag und die Einkommensteuern stiegen: Briten, die ihr Vermögen in Finanzinstituten auf Jersey deponierten, konnten sämtliche Steuern vermeiden. Die Experten auf Jersey hofften, mit diesem Schachzug die Wirtschaft der Insel wiederzubeleben: Die reichen Ausländer würden Gebühren für die Verwahrung ihrer Einlagen zahlen und in der Finanzbranche würden neue Arbeitsplätze entstehen. Jersey konnte anscheinend nur gewinnen, und tatsächlich tat es das eine Weile: Die Insel meldete nahezu Vollbeschäftigung, und das Pro-Kopf-Nationaleinkommen überstieg das Großbritanniens oder der Vereinigten Staaten.[34]

Aber Inselbewohner wie John Christensen haben dokumentiert, dass sich die Politiker auf der Insel rasch in Handlanger der Finanzindustrie verwandelten und dafür sorgten, dass die Gesetze Jerseys in erster Linie den Interessen der internationalen Klienten dienten – und oft den Interessen und Wünschen der Einheimischen zuwiderliefen.[35] Die Insel wurde zum bevorzugten Versteck für widerrechtlich erworbenes Vermögen von Südafrikanern, die sich unter dem Apartheidregime bereichert hatten, für das Raubgut russischer Oligarchen, die sich nach dem Ende der Sowjetunion privatisierte Unternehmen angeeignet hatten, und für Hunderte Millionen Dollar an Bestechungsgeldern, die der nigerianische Diktator Sani Abacha eingestrichen hatte.[36]

Als die Welt im Jahr 2008 von der Finanzkrise erschüttert wurde, hatten die Steuervergünstigungen für die Ausländer die Volkswirtschaft Jerseys derart ausgezehrt, dass öffentliche Einrichtungen wie Schulen und Straßen verwahrlosten. Dazu kamen politische Wirren, denn die Mittelschicht musste eine »exzessive Steuerlast« tragen, wie der ehemalige Finanzminister gestand.[37] Jersey ist keineswegs eine Ausnahme unter den Steueroasen der Welt. Eine ähnliche Entwicklung ist in der Karibik, im Südpazifik und überall dort zu beobachten, wo es sich reiche Personen leisten können, sich in strauchelnden postkolonialen Demokratien Geheimhaltung und maßgeschneiderte Gesetze zu kaufen.[38] Der britisch-ghanaische Rechtswissenschaftler Kojo Koram bezeichnet die politische Ökonomie des Offshore-

Systems als »semifeudale Ordnung, die von Wirtschaftsinteressen genutzt wird, um die Entfaltung der Massendemokratien zu behindern«.[39]

Einige extrem reiche Klienten des Offshore-Finanzsystems erlangen derart großen politischen Einfluss, dass sie wie lokale Warlords genug Macht erlangen, um Länder destabilisieren zu können – insbesondere kleine Steueroasen, deren Wirtschaft besonders abhängig von ausländischem Kapital ist. Diese Macht wird zunehmend auch in Industrieländern spürbar, was zu gewalttätigen Protesten in Europa und den Vereinigten Staaten führt und Schlagzeilen wie »Steuerbetrüger schüren in aller Welt den Rechtsextremismus« auslöst.[40]

Die Veröffentlichung der *Panama Papers* im April 2016 und der *Paradise Papers* im November 2017 zeigte, dass einige der prominentesten Befürworter des Brexits hohe Geldbeträge, die teilweise aus den Taschen russischer und amerikanischer Oligarchen stammte, ins Ausland geschafft und auf Offshore-Konten deponiert hatten. Später wurde untersucht, ob diese Zahlungen der ausländischen Einflussnahme auf das britische Referendum gedient hatten.[41] Beispielsweise hatte der amerikanische Hedgefonds-Manager Robert Mercer eine mit 60 Millionen Dollar gefüllte »Kriegskasse« eingerichtet, um sowohl die Brexit-Kampagne als auch den Präsidentschaftswahlkampf Donald Trumps im Jahr 2016 zu finanzieren – sonderbarerweise wurden diese Vorhaben als Kampf gegen »Globalisten« und »ausländische Eliten« dargestellt, der geführt werden müsse, um »dem Volk die Kontrolle über die Regierung zurückzugeben«.[42]

Die Leaks förderten auch zutage, dass Jean-Marie Le Pen, der Gründer der politischen Dynastie, welche die europaskeptische französische Partei Rassemblement National (ehemals Front National) anführt, Millionen auf Offshore-Konten versteckt hatte.[43] Seine Tochter Marine, die die Parteiführung von ihm erbte, kandidierte später für das Präsidentenamt und versprach den Franzosen ein Referendum nach britischem Vorbild über den Austritt aus der Europäischen Union.[44] Wie sich herausgestellt hat, wurde diese Kampagne teilweise von russischen Oligarchen finanziert, die Le Pen über Offshore-Konten in Zypern Millionen Euro zukommen ließen. Die Financial Action Task Force, eine internationale Organisation, die sich die Korruptionsbekämpfung auf die Fahnen geschrieben hat, hat herausgefunden, dass die in Teilen rechtsextreme deutsche Partei AFD ebenfalls mithilfe von Offshore-Konten finanziert wird. Dasselbe Muster wiederholt sich bei rechtspopulistischen und rechtsextremen Parteien in anderen europäischen Ländern.[45]

In einem Bericht zur nationalen Sicherheit, der wenige Monate nach dem Amtsantritt von Präsident Biden veröffentlicht wurde, hieß es, die Stärkung der Demokratie in aller Welt habe für seine Regierung Priorität; die Vereinigten Staaten würden »mit gutem Beispiel vorangehen« und »die Plage der Korruption bekämpfen«. Vier Monate später zeigten die *Pandora Papers*, dass die Vereinigten Staaten wesentlich zu der internationalen Korruption beitrugen, die der Demokratie schadete. Um das Geld ausländischer Bürger anzulocken, haben South Dakota, Nevada, Wyoming und sogar Washington, D. C., besondere Regeln für die Besteuerung und Geheimhaltung von Kapital ausländischen Ursprungs eingeführt.[46] Diese Regeln haben politische Ökonomien in aller Welt destabilisiert und eine große Schwäche unserer eigenen politischen Institutionen zutage gefördert: die Anfälligkeit für den Einfluss des transnationalen gesetzlosen Kapitals.[47]

Dass der Staat in der Auseinandersetzung mit dem Offshore-Finanzsystem an Macht verliert, zeigte sich deutlich, als die Vereinigten Staaten und andere Länder Sanktionen über russische Oligarchen verhängten, welche zum Überfall auf die Ukraine im Februar 2022 beigetragen hatten. Mehrere Oligarchen umgingen die Sanktionen, indem sie unter den Augen der Regierung Biden Offshore-Konten nutzten, um ihr Geld in Immobilien auf amerikanischem Boden zu stecken. Einer von denen, die nicht für ihre Machenschaften bestraft wurden, war der Industrielle Oleg Deripaska, ein Vertrauter des russischen Präsidenten Wladimir Putin. Deripaska war ein Wiederholungstäter: Er hatte Wege gefunden, um die Sanktionen zu umgehen, die wegen seiner Einmischung in die amerikanische Präsidentenwahl im Jahr 2016 über ihn verhängt worden waren. Im Wahlkampf hatte er Donald Trumps Wahlkampfleiter über Konten bei zypriotischen Banken und Geldinstituten auf den Cayman Islands illegal 60 Millionen Dollar zukommen lassen.[48]

Russische Oligarchen nutzen das Offshore-Finanzsystem seit Langem für Finanzkriminalität und führen die internationale Gemeinschaft an der Nase herum. Sie scheinen den amerikanischen und europäischen Behörden stets eine Nasenlänge voraus zu sein: Werden russische Vermögenswerte an einem Ort beschlagnahmt oder eingefroren, so tauchen sie nach kurzer Zeit in einer anderen Steueroase wieder auf. Das verstärkt den Eindruck, dass die Oligarchen eine unantastbare Elite sind.

Natürlich sind die russischen Oligarchen nicht die Einzigen, die sich solcher Praktiken bedienen. Kleinere Versionen ihrer kleptokratischen politischen Ökonomie werden von den Superreichen Asiens, Afrikas, Lateinamerikas und Osteuropas genutzt.[49] Je autokratischer die Regierung eines Landes ist, desto größer ist der am BIP gemessene Anteil des Nationalvermögens, der im Ausland aufbewahrt wird. Die Vereinigten Arabischen Emirate, Saudi-Arabien, Venezuela und Russland nehmen die Spitzenplätze in diesem Ranking ein: Vermögen im Wert von mehr als 50 Prozent ihrer Wirtschaftsleistung liegen auf Offshore-Konten. Der weltweite Durchschnittswert liegt bei 10 Prozent. Und wenn wir das reichste 0,01 Prozent der Haushalte betrachten, nutzt die russische Elite Offshore-Zentren umfassender als die Superreichen in jedem anderen Land: Die Oligarchen haben etwa 60 Prozent ihres Vermögens ins Ausland geschafft.[50] Aufgrund des Umfangs der Offshore-Aktivitäten der Oligarchen und der Zwecke, für die sie die Steueroasen nutzen, ist die russische kleptokratische Maschine die fortschrittlichste der Welt und wurde von den Strafverfolgungsbehörden am sorgfältigsten studiert.

In einem besonders unerhörten Fall schleusten russische Oligarchen zwischen 20 und 80 Milliarden Dollar an geraubten öffentlichen Geldern durch eine aus zahlreichen Offshore-Konten bestehende »Geldwäscherei«. Viele diese Konten waren in den Vereinigten Staaten und Großbritannien registriert.[51] Ein moldawischer Geschäftsmann und ein russischer Bankier wurden wegen dieser Verbrechen vor Gericht gestellt und zu Haftstrafen verurteilt, aber die Eliten, die von den Machenschaften profitiert hatten, kamen ungeschoren davon.[52] Wenn Oligarchen bei der Geldwäsche und bei Manipulationen zur Umgehung von Sanktionen erwischt werden, vermeiden sie Strafen normalerweise, indem sie Offshore-Konten nutzen, um ihr Vermögen auf Kinder, Ehepartner, Geschwister oder vertrauenswürdige Freunde zu übertragen.[53] Putin selbst ist ein Beispiel für die Anwendung dieser Strategie: Die *Panama Papers* zeigen, dass sein Jugendfreund Sergei Roldugin, ein Cellist, in Steueroasen Unternehmen mit einem Wert von 2 Milliarden Dollar besitzt, in denen nach Erkenntnissen eines amerikanischen

Kongressausschusses gestohlenes Vermögen aufbewahrt wird, das in Wahrheit Putin gehört.[54]

Der gesetzlose Raum, in dem Superreiche vor dem Zugriff jeder nationalen oder multinationalen Autorität sicher sind, ist eine ebenso große Gefahr für die Weltordnung wie verschiedene Formen von Militanz und Radikalität. Die meisten Studien zu »extremistischer Gewalt« beschäftigen sich mit kriminellen Organisationen oder terroristischen Vereinigungen, aber auch in den geheimen Netzwerken der Offshore-Finanzen wird eine Art von Extremismus praktiziert, die als »libertärer Anarchismus« bezeichnet wird. Anhänger dieser Ideologie empfinden es als Verletzung ihrer Freiheitsrechte, dass von ihnen verlangt wird, ihre Schulden zurückzuzahlen, mit Steuerzahlungen ihren fairen Anteil an den Kosten einer funktionierenden Gesellschaft zu übernehmen oder sich dem Gesetz zu unterwerfen.[55] Die Steueroasen sind Zufluchtsorte, an denen diese Eliten Schutz vor in ihren Augen unberechtigten Forderungen der Gesellschaft finden.[56]

Viele der Vermögensverwalter, mit denen ich gesprochen habe, teilen diese Einschätzung und sind gerne bereit, ihren Klienten dabei zu helfen, sich dem langen Arm des Gesetzes zu entziehen. Ein Experte in Dubai erklärte, er versuche, seine Klienten vor dem »räuberischen Staat« zu schützen. Ein amerikanischer Vermögensverwalter sagte: »Viele unserer Klienten leben in Ländern, in denen es normal ist, dass dir der Staat dein Vermögen ohne angemessenes Verfahren wegnimmt, und wir gehören zu den wenigen, die sich dem widersetzen.« Diese Einschätzung scheint auch der globale Berufsverband der Vermögensverwalter zu teilen, die Society of Trust and Estate Practitioners (STEP). Im Schulungsmaterial von STEP wimmelt es von Hinweisen auf »eine unerträglich hohe und *vielleicht sogar unethische* Steuerlast« sowie von Zweifeln an der Legitimität der Forderungen, die der Staat an jene richtet, die »Wohlstand schaffen«.[57] Bei einem Treffen des Berufsverbands im Jahr 2010, dem ich beiwohnte, bezeichnete ein STEP-Mitarbeiter die britische Steuerbehörde als »Räuberbaron vom Finanzamt«. Hunderte Vermögensverwalter im Publikum quittierten die Aussage mit Kopfnicken und verstehendem Kichern.

Die Geringschätzung für geteilte Pflichten und Rechtsstaatlichkeit verbindet die wohlhabende Klientel der Steueroasen mit Kriminellen und Terroristen. Beide Gruppen machen ganz ähnlichen Gebrauch vom modernen Offshore-System. Der britische Journalist Nick Shaxson drückt es so aus: »Diese Welt ist von einer sonderbaren Mischung von Charakteren verseucht, darunter Angehörige des alten europäischen Adels mit eigenem Schloss, fanatische Anhänger der libertären Schriftstellerin Ayn Rand, Angehörige von Geheimdiensten aller Herren Länder, globale Kriminelle, britische Schuljungen, ein Sortiment von Lords und Ladies sowie jede Menge Banker. Ihre Schreckgespenster sind Staat, Gesetz und Steuern, und ihr Schlachtruf lautet ›Freiheit‹.«[58]

Die Anhänger dieses Weltbilds halten die Demokratie für ein untaugliches System, geprägt von »Faulenzern« und »Schädlingen«, die der Herausforderung der Selbstregierung nicht gewachsen seien, wie es der libertäre Ökonom Hans-Hermann Hoppe ausdrückt.[59] Die Befürwortung derartiger Vorstellungen und die Nutzung der Offshore-Finanzen überschneiden sich. Beispielsweise zählen Peter Thiel und Robert Mercer zu Hoppes treuesten Anhängern in den Vereinigten Staaten. Sie fordern radikale Freiheit für sich selbst und eine autoritäre Herrschaft über die übrigen von uns.[60]

Das Phänomen ist weltweit zu beobachten. Diese Eliten, darunter Dutzende gegenwärtige und ehemalige Staats- und Regierungschefs sowie Wirtschaftsbosse, teilen eine Geringschätzung für die demokratische Regierung und eine unverhohlene Ablehnung dieses Systems. Dank des Offshore-Finanzsystems können sie ein gemeinsames Projekt verfolgen, um Beschränkungen ihrer wirtschaftlichen und politischen Macht zu überwinden. Die zahlreichen Präsidenten, Monarchen und Minister, die in den *Panama*, *Paradise* und *Pandora Papers* genannt werden, lehnen auch die Vorstellung vom nationalen Interesse ab: Indem sie Milliarden an hinterzogenen Steuern, gestohlener Entwicklungshilfe sowie Erträgen des organisierten Verbrechens auf Geheimkonten in Steueroasen versteckt haben, haben sie sich auf Kosten ihrer Länder bereichert. Unter ihnen sind nicht nur Personen, die wie der ehemalige tschechische Ministerpräsident Andrej Babiš oder der frühere kenianische Präsident Uhuru Kenyatta selbst Kampagnen gegen die Korruption leiteten,[61] sondern auch respektierte Symbolfiguren wie die verstorbene englische Königin Elizabeth II. Sie mögen sich untereinander nicht persönlich kennen, aber die Nutzung des Offshore-Systems eint sie im Widerstand gegen die rechtliche, politische und wirtschaftliche Gleichheit. Sie beschwören ein politisches Problem in demokratischen Gesellschaften herauf, die sich nur einer legitimen Regierung unterwerfen. Dieses politische System kann nicht funktionieren, wenn Straffreiheit zum wichtigsten Statussymbol wird. Die Gesetzlosigkeit der Elite ist ein vormodernes Privileg, unvereinbar mit dem Prinzip der Gleichheit vor dem Gesetz.

Politiker und Manager, die in den Offshore-Leaks auftauchen, sollten daher nicht einfach als korrupte Personen betrachtet werden, die erwischt wurden. Vielmehr betreiben sie eine Revolte von Eliten, die ein politisches Vorhaben verfolgen: Sie wollen ihre Verpflichtungen gegenüber den Gesellschaften abschütteln, die ihnen Zugang zu Wohlstand und Macht gegeben haben. Die Ausnahmestellung der Elite ist seit jeher das Prinzip, auf dem die Offshore-Welt beruht, aber bis vor Kurzem kam es nur selten vor, dass jemand *offen* Straffreiheit für sich in Anspruch nahm. Der Preis für eine herausragende gesellschaftliche und politische Stellung im Heimatland war, dass man Respekt für Ideale wie das Gemeinwohl und die Gleichheit vor dem Gesetz vortäuschen musste. Die Geheimhaltung im Offshore-System hat das geändert und ermöglicht, dass sich ein Ethos der radikalen Straffreiheit entwickelte, das sich durch wachsenden Reichtum und zunehmende Macht selbst rechtfertigt. Die Eliten lehnen mittlerweile jegliche Verpflichtung gegenüber den Gesellschaften ab, denen sie ihren Reichtum und ihre Macht verdanken. Stattdessen nehmen sie radikal antidemokratische und antiegalitäre Positionen ein, ohne sich vor Sanktionen fürchten zu müssen. Beispielsweise schrieb Thiel in einem autobiographischen Essay, der im Jahr 2009 unter dem Titel »The Education of a Libertarian« erschien, das Frauenwahlrecht habe sowohl die Demokratie als auch den Kapitalismus ruiniert:

> Die zwanziger Jahre des 20. Jahrhunderts waren das letzte Jahrzehnt in der amerikanischen Geschichte, in dem man wirklich optimistische Erwartungen an die Politik hegen konnte. Seit 1920 haben die gewaltige Zunahme der Empfänger von Sozialleistungen und die Ausweitung des Wahlrechts auf die Frauen – zwei Wählergruppen, die für Libertäre sehr schwer zugänglich sind – die Vorstellung von der »kapitalistischen Demokratie« in ein Oxymoron verwandelt.[62]

Ähnliche Ansichten vertritt angeblich Robert Mercer, ein weiterer Fürsprecher der Steueroasen. Während er selbst fast nie mit den Medien spricht, behaupten langjährige Kollegen und Mitarbeiter, er habe politische Aktivitäten weißer Suprematisten finanziert, halte Katzen für wertvoller als Menschen und sei der Überzeugung, »dass die Gesellschaft auf dem Kopf steht – der Staat hilft den Schwachen, stark zu werden, während er die Starken schwächt, indem er ihnen durch Besteuerung ihr Geld wegnimmt«.[63]

Die von mir interviewten Vermögensverwalter haben bei ihren Klienten aus aller Welt eine ähnliche Einstellung beobachtet. Ein eleganter Finanzexperte in London stellte es beinahe so dar, als würden seine Klienten von den modernen demokratischen Staaten verfolgt. »Die Sozialdemokratie«, erklärte dieser weißhaarige Gentleman mit Siegelring und seidenem Einstecktuch, »stellt überzogene Forderungen an die Erzeuger von Wohlstand. [...] Man kann heute keine Wahl mehr gewinnen, ohne massive Programme zur Befriedigung aller möglichen Ansprüche zu versprechen, denn es profitieren zu viele Menschen von Sozialleistungen. Daher muss der Staat den Produzenten einen unablässig wachsenden Anteil des Bruttoinlandsprodukts wegnehmen, um seine Versprechen erfüllen zu können. [...] Das bewegt die Erzeuger von Wohlstand dazu, in die Schattenwirtschaft und so weiter auszuweichen.« Er räumte also ein, dass seine vermögenden Klienten das Gesetz umgingen oder direkt dagegen verstießen – das war mit dem euphemistischen Ausdruck »Schattenwirtschaft« gemeint –, war jedoch der Meinung, man könne ihnen keinen Vorwurf daraus machen. In seinen Augen waren in Wahrheit Demokratie und Besteuerung die Ursachen des Übels.

Mit den »Erzeugern von Wohlstand« meinte er nicht nur Amerikaner, sondern seine gesamte Klientel, die in erster Linie aus Europäern und Lateinamerikanern bestand. Die von diesem Vermögensverwalter beschriebene globale Konvergenz der Einstellungen deutet auf das hin, was die französischen Soziologen Bruno Cousin und Sébastien Chauvin als zunehmende »grenzüberschreitende Homogenisierung der Vermögenselite« bezeichnen.[64] Die Finanzindustrie gelangte schon Jahre früher zu diesem Schluss. In einem im Jahr 2005 vorgelegten Forschungsbericht wurde zwischen zwei Arten von Menschen unterschieden: zwischen »der Plutonomie und dem Rest«.[65]

Dieses postnationale Weltbild entspricht nach Einschätzung der von mir befragten Finanzexperten dem Selbstverständnis der meisten Superreichen. Eine Schweizer Vermögensverwalterin sagte über die von ihr und ihren Kollegen betreuten Klienten: »Sie kennen einander.« Diese Leute hätten mit den Angehörigen ihrer elitären Gruppe »viel mehr gemein als mit der Bevölkerung ihrer Heimatländer«. Dies sei eine transnationale Gemeinschaft, erklärte die Expertin, und sie habe ihre eigenen Regeln und ihre eigene Kultur, die oft mit den Konzepten von Demokratie und Wettbewerb auf freien Märkten unvereinbar sei. Ein deutscher Vermögensverwalter – der selbst dem Erbadel angehört – bezeichnete seine Klienten als »Closed Shop reicher Leute«. Er verwendete die Bezeichnung für ein Unternehmen, in dem man nur arbeiten kann, wenn man der dort vertretenen Gewerkschaft angehört. »Closed Shop« ist gleichbedeutend mit Klassensolidarität und kollektivem Handeln. »Je weiter du in der wirtschaftlichen Pyramide hinaufsteigst«, erklärte er, »desto kleiner wird die Gruppe. Die Leute haben gemeinsam die Business School besucht, sie kennen einander seit Jahrzehnten, und sie sind ständig im Gespräch miteinander.«

Worüber sprechen sie? Zum einen pflegen sie Kontakte und heiraten untereinander, was eine uralte Strategie zur Erhaltung des dynastischen Vermögens ist.[66] Ein Vermögensverwalter in

Singapur erzählte mir, er habe sich in einen regelrechten Heiratsvermittler für seine Klienten verwandelt und arrangiere Dates für Personen mit ähnlichem Vermögen und Geschmack. Die Mitglieder dieser geschlossenen Gesellschaft tauschen sich auch über die Strategien aus, die sie in Offshore-Geschäften anwenden.

Ein Finanzexperte in der Schweiz machte keinen Hehl aus seiner Frustration darüber, dass sich seine Klienten bei finanziellen Entscheidungen an ihren Freunden orientierten, anstatt zu tun, was in ihrem eigenen Interesse sei: »Sie sagen: ›Ich will eine Firma auf den Caymans oder auf den Jungferninseln.‹ Wir erklären ihnen, warum das keine gute Idee ist, aber oft antworten sie: ›Ist mir egal. Ich will eine haben, denn meine Freunde haben auch welche.‹«

Die Superreichen sprechen in der Öffentlichkeit nur selten über solche Fragen, aber gelegentlich beschreiben sie eine Art von unsichtbarer Nation, deren Angehörige einander erkennen und ihr Vorgehen koordinieren. Der amerikanische Milliardär Glenn Hutchins, ein auf Unternehmensbeteiligungen spezialisierter Investor, drückte es so aus: »Wir umgeben uns mit denselben Leuten, wir essen in denselben Restaurants, wir steigen in denselben Hotels ab. Das Wichtigste ist jedoch, dass wir uns als Weltbürger mit geschäftlichen, politischen und gesellschaftlichen Fragen beschäftigen, die uns alle betreffen.«[67] Das Offshore-Finanzsystem ist eine Struktur, die diese superreichen Globetrotter durch die gemeinsame Teilhabe am internationalen Ökosystem der rechtlich-finanziellen Geheimhaltung miteinander verbindet.

Einige Klienten des Offshore-Finanzsystems halten sich sogar für Übermenschen oder Halbgötter. Es ist keineswegs ungewöhnlich, dass Personen, die sich für Abkömmlinge der

Pharaonen halten, den Status von Gottkönigen für sich in Anspruch nehmen. Nach Aussage der Vermögensverwalter, mit denen ich gesprochen habe, glauben viele Superreiche, sie könnten die Beschränkungen von Zeit, Raum und Naturgesetzen überwinden.

Dieses Denken ist nicht auf Verrückte wie jenen amerikanischen Tech-Milliardär beschränkt, der jedes Jahr 2 Millionen Dollar für die »Altersumkehr« ausgibt, ein Programm, das Bluttransfusionen von seinem halbwüchsigen Sohn beinhaltet.[68] Weniger auffällig, aber sehr viel gravierender ist, dass Superreiche die Offshore-Finanzen nutzen, um ihre Person und ihre Vorlieben über ihr biologisches Leben hinaus zu erweitern. Mehrere Vermögensverwalter haben mir davon erzählt. Einer sagte über seine Klienten: »Diese Leute haben alles, was sie wollen. Das Einzige, was ihnen fehlt, ist die Unsterblichkeit, und nichts wünschen sie sich mehr. Sie lieben die Vorstellung von einem ewigen Trust, weshalb man für diese Klienten normalerweise einen ewigen Trust einrichtet und einen extrem detaillierten letzten Willen aufsetzt, in dem festgelegt ist, dass ›mein Urenkel dieses und jenes erhalten wird, aber nur, wenn er dieses und jenes tut‹. Ganz spezifische Bedingungen, strikte Kontrolle.«

Das Bemühen, die Zeit zu besiegen und Allmacht zu erlangen, ist nicht auf die Kontrolle über die Familie beschränkt. Viele Superreiche wollen die Welt nach ihren Vorstellungen umgestalten. Festgehalten sind diese Ideen in einem beliebten libertären Text, der sich bei Nutzern des Offshore-Systems großer Beliebtheit erfreut: *The Sovereign Individual.* Dieser Bestseller aus dem Jahr 1997, den Thiel zu seinen sechs Lieblingsbüchern zählt,[69] setzt die Superreichen mit den Göttern der griechischen Mythologie gleich:

> Das souveräne Individuum, das sehr viel größere Ressourcen besitzen und sich vielen Formen des Zwangs entziehen wird, wird Regierungen und Volkswirtschaften umgestalten.[70]

Mit ihrem Versprechen von Weltherrschaft und Unantastbarkeit durch das Gesetz wäre diese Passage ein geeignetes Leitbild für das Offshore-Finanzsystem.

Kapitel 3

# ZOMBIEKAPITALISMUS

Ich möchte Ihnen die Geschichte eines Landes erzählen, das von Betrügern, Wirtschaftskriminellen und modernen Piraten umgebaut wurde. Sie strömten aus früheren kolonialen Außenposten des britischen Weltreichs zusammen, um einen heruntergekommenen Handelsposten in der Karibik in ein weltweit führendes Offshore-Finanzzentrum zu verwandeln. Das taten sie, indem sie die Werkzeuge und Motive des Kolonialismus einsetzten, um in dem aus 700 Koralleninseln bestehenden Archipel, den wir unter der Bezeichnung Bahamas kennen, ein modernes Finanzimperium zu errichten.

Derartige Metamorphosen sichern Imperien Unsterblichkeit. Im Laufe der Jahrhunderte ordnen Regime einige Bausteine der früheren Regierungssysteme neu an, aber an den grundlegenden Prozessen der Enteignung ändert sich nichts. Sehr gut beobachten kann man das an Orten wie Cuzco in Peru, wo aufeinander folgende Großreiche unübersehbar auf der Arbeit ihrer Vorgänger aufgebaut haben: Der Tempel des Sonnengottes Coricancha in der fabelhaft reichen Hauptstadt des Inkareichs war einst ein Weltwunder.[1] Seine Wände waren mit einer Goldschicht überzogen, im Garten standen lebensgroße goldene Alpakastatuen. Als ich Cuzco im Alter von zwölf Jahren zum ersten Mal sah, war von all dem Gold nichts mehr übrig. Nur einige der riesigen Mauern standen noch, denn die spanischen Eroberer, die das Straßennetz der Inkas genutzt hatten, um die Stadt zu erobern, hatten die Gemäuer einem neuen Zweck zugeführt und auf dem Fundament des Coricancha-Tempels mit den Originalsteinen ihr eigenes Gotteshaus (die Kirche von Santo Domingo) errichtet. Als Zwölfjährige wusste ich nicht viel über den Kolonialismus, aber dieses Bild der Eroberung machte bleibenden Eindruck auf mich. Mir war nicht bewusst gewesen, dass die Werkzeuge des einen Imperiums verwendet werden konnten, um das nächste zu errichten, und zwar nicht nur am selben Ort, sondern tatsächlich mit denselben Bausteinen. Viele Jahre später wurde mir klar, dass das Offshore-Finanzsystem auf dieselbe Art aufgebaut worden war.

Das britische Weltreich hat sich vor vielen Jahren aufgelöst, aber seine Wesenszüge sind im heutigen Offshore-System noch immer klar zu erkennen. Fast alle Steueroasen auf der Erde – und es gibt Dutzende – waren einmal britische Kolonien. Der Ökonom Ronen Palan schätzt, dass rund 68 Prozent der Offshore-Finanzzentren an Orten angesiedelt sind, die zu Großbritannien gehören oder in der Vergangenheit britisch waren. Zählt man die Vereinigten Staaten als ehemalige Kolonie, so steigt der Anteil sogar auf 83 Prozent.[2] Woran liegt das? Nun, der Grund ist, dass das gesamte Offshore-System auf der rechtlichen und finanziellen Infrastruktur des britischen Empire beruht. Es ist ein Betriebssystem, das zum Vorteil einer neuen Elite umgebaut wurde: An die Stelle der Einwohner des kolonialen Mutterlandes Großbritannien sind die »staatenlosen Superreichen« getreten.[3]

Für die Kenner des Kolonialismus ist das nichts Neues. Wie es ein Forscher ausgedrückt hat: »Der Kolonialismus wurde formal beseitigt, aber für den kolonialen Staat gilt das nicht.«[4] Die

Imperien kommen und gehen, aber ihre rechtlichen und finanziellen Bürokratien leben weiter wie die Untoten und beuten die natürlichen und menschlichen Ressourcen auf Kosten der einheimischen Bevölkerung aus. Vor anderthalb Jahrhunderten beschrieb Karl Marx die an einen Vampir erinnernden Merkmale des Kapitalismus. Das Offshore-Finanzsystem könnte als Zombiekapitalismus beschrieben werden, denn es lebt im verwesten, aber anscheinend unzerstörbaren Leichnam der imperialen Infrastruktur weiter.[5]

Mitte des 20. Jahrhunderts war klar, dass ein neues Imperium geboren wurde, als das alte unterging. Der Dichter Aimé Césaire aus Martinique, ein Vorreiter der Kolonialismustheorie, schrieb im Jahr 1950, die amerikanische Hochfinanz sei zu der Überzeugung gelangt, »dass der Zeitpunkt gekommen ist, alle Kolonien in der Welt zu plündern«.[6] Es war eine beängstigend klarsichtige Beobachtung, die genau mit der opportunistischen Umgestaltung der Macht in der Karibik zusammenfiel. Scharen moderner Freibeuter und Piraten (von denen viele aus den Vereinigten Staaten kamen oder mit amerikanischem Geld finanziert wurden) fielen in den in die Unabhängigkeit entlassenen Staaten ein, um deren wirtschaftliche Verwundbarkeit und ihre rechtlich-finanziellen Ressourcen auszubeuten.[7] Institutionelle Entrepreneure, darunter vor allem Anwälte und Finanziers, erschienen auf der Bildfläche, um die Überreste der Kolonialverwaltung auszuschlachten und neue Machtstrukturen zu errichten, so wie einst die Spanier in Cuzco ihre Kirche auf dem Inkatempel errichtet hatten.

Aber warum hatte das britische Empire so großen Einfluss auf die Entstehung des Offshore-Systems? Warum waren Spanien und die anderen europäischen Großmächte nur Zuschauer? Schließlich hatten die Spanier von Amerika bis in den Südpazifik Territorien beherrscht, die sich durchaus mit dem britischen Kolonialreich messen konnten. Aber keine ihrer ehemaligen Kolonien verwandelte sich in eine Steueroase. Auch keine der früheren französischen, portugiesischen, deutschen oder italienischen Kolonien spielt eine Rolle im heutigen Offshore-System – es sei denn, sie waren so wie Mauritius und die Seychellen im Indischen Ozean irgendwann im Laufe ihrer Geschichte in britischen Besitz übergegangen.[8] Dasselbe gilt für das einst weltumspannende und fabelhaft reiche niederländische Kolonialreich: Nur die beiden winzigen Inseln Aruba und Curaçao vor der Nordküste Venezuelas wurden zu Standorten der Offshore-Finanzindustrie und sind nach wie vor Nebenakteure in diesem Geschäft. Wie ist dieses sonderbare Muster zu erklären?

Drei Faktoren trugen entscheidend dazu bei, das britische Empire zum Geburtsort des heutigen Offshore-Systems zu machen: sein Steuersystem, seine Rechtsordnung und die spezifische Strategie der Londoner Regierung, die ehemaligen Kolonien zur wirtschaftlichen Unabhängigkeit zu führen. Diese einigermaßen abstrakt wirkenden Faktoren ermöglichten es, auf dem Fundament einer rassistischen Kolonialmacht das komplexe Netzwerk der heutigen Steueroasen zu errichten. Der Rechtswissenschaftler Kojo Koram drückte es jüngst in seiner Analyse des »Nachlebens« des britischen Imperialismus so aus: »Dadurch, dass das transnationale Kapital in den Steueroasen Schutz genießt, kann die imperiale Dynamik von Extraktion und Ausbeutung aufrechterhalten werden.«[9]

Amerikanische Leser, die mit einer Gründungsgeschichte aufgewachsen sind, die mit einer Revolte gegen ungerechte und übermäßige Steuern begann – mit der berühmten Boston Tea Party von 1773 –, wissen möglicherweise nicht, wie gut es den britischen Kolonisten in Wahrheit ging. Im Gegensatz zu anderen Kolonialmächten hielten die Briten ihre Steuern in den Kolonien niedrig oder befreiten die Einwohner völlig von Abgaben, um Menschen dazu zu bewegen, in diese Länder auszuwandern und dort zu bleiben. Den Großteil der Steuern, die erhoben wurden, musste die indigene Bevölkerung zahlen. Beispielsweise wurden die Siedler in der Royal Charter für die Massachusetts Bay Colony von 1629 für sieben Jahre von allen Steuern im Handel mit England befreit, und alle anderen Steuern mussten sie 21 Jahre lang nicht entrichten. Vor der Revolution von 1776 zahlten die amerikanischen Kolonisten eine Steuer von 1 bis 1,5 Prozent, während ihre Landsleute in der Heimat zwischen 5 und 7 Prozent Steuern zahlen mussten. Um eine weitere Erhebung in den Kolonien zu vermeiden, verabschiedete das britische Parlament im Jahr 1778 ein Gesetz, mit dem fast alle Steuern in den nordamerikanischen Territorien einschließlich der Karibikinseln abgeschafft wurden.[10]

Dies bereitete den Boden für die Verwandlung dieser Kolonien in Steueroasen nach dem Ende der Kolonialzeit. Ein Historiker beschrieb die Steuerpolitik des britischen Empire so: »Nur wenige organisierte Regierungen belasteten die Bevölkerung mit so geringen Steuern. […] Die Kolonisten gewöhnten sich rasch an eine minimale Besteuerung, und als sich die Kolonialzeit ihrem Ende zuneigte, betrachteten sie niedrige Steuern beinahe als Geburtsrecht.«[11] An dieser Einstellung hatte sich nichts geändert, als die Kolonien im 20. Jahrhundert in die Unabhängigkeit entlassen wurden.

Im Gegensatz dazu bürdete Spanien seinen Kolonien hohe Steuern auf. Beispielsweise zahlten die Kolonisten in Mexiko 50 Prozent *mehr* Steuern als die Untertanen der spanischen Krone im Mutterland. Insgesamt stöhnten die spanischen Kolonisten unter einer Steuerlast, die 35-mal so hoch war wie die der britischen Siedler.[12]

Diese Bedingungen schufen historische Pfadabhängigkeiten, deren Auswirkungen noch heute in den kolonialen Ursprüngen der Offshore-Finanzzentren zu sehen sind.

Vielleicht noch größeren Anteil daran, dass die ehemaligen britischen Kolonien zu »privilegierten Akkumulationsorten« in der modernen Finanzwelt wurden, hatte die rechtliche Infrastruktur des britischen Empire.[13] Die Tradition des Common Law, die nach der normannischen Eroberung im Jahr 1066 in England entstand und in allen britischen Überseegebieten übernommen wurde, verwandelte sich in ein weltweit funktionierendes imperiales »Betriebssystem«. Das Common Law funktioniert ganz anders als das auf dem römischen Recht beruhende kodifizierte Recht, das in den kontinentaleuropäischen Ländern und ihren früheren Kolonien angewandt wird. Der wesentliche Unterschied ist, dass das Common Law weniger restriktiv ist als das auch als Civil Law bezeichnete kodifizierte Recht und leichter durch richterliche Auslegung weiterentwickelt werden kann. Daher ist das Common Law auch besser für die Anwendung jener »Tricks zur Manipulation von Facetten des Eigentums« geeignet, die nach Ansicht von Rechtsexperten die Geheimhaltung in den Steueroasen ermöglichen.[14] Im kodifizierten Civil Law ist genau definiert, was erlaubt ist; alles andere ist verboten. Im Common Law ist es umgekehrt: Es definiert, was verboten ist, womit alles, was nicht ausdrücklich verboten ist, implizit erlaubt ist. Anders als im Civil Law können sich die Grenzen zwischen legalem und illegalem Verhalten im Common Law abhängig von den Urteilen von Richtern, die sich an Präzedenzfällen orientieren, zu verschiedenen Zeiten und in verschiedenen Rechtsräumen leicht verschieben. Das erlaubt es den miteinander konkurrierenden Steueroasen, ihre Gesetze den sich wandelnden Bedürfnissen der Superreichen anzupassen.

Technisch sind einige dieser Ziele auch im Kontext des Civil Law zu erreichen, etwa durch die niederländische *stichting*, eine Art von gemeinnütziger Stiftung, die zum Beispiel der Milliardär Ingvar Kamprad (der Gründer von IKEA) nutzte, um sein Vermögen vor bestimmten Steuern zu schützen. Aber das Common Law bietet sehr viel mehr Möglichkeiten sowie Erleichterungen und Schutz der Privatsphäre. Ein klassisches Beispiel ist der Trust, eine Struktur zur Vermögensaufbewahrung, die im mittelalterlichen England entwickelt wurde, um dem Adel dabei zu helfen, Steuerzahlungen an den König zu umgehen. Mittlerweile ist diese Art der Treuhandeinrichtung weltweit ein fester Bestandteil der persönlichen und Firmenfinanzen, da sie deutliche Vorteile gegenüber alternativen Strukturen wie registrierten Firmen und Stiftungen hat, wenn es gilt, Steuern zu vermeiden und Vermögen geheim zu halten.[15]

Trusts sind private Vereinbarungen, mit denen Vermögenswerte rechtlich in den Besitz eines Treuhänders übergehen, aber von einer anderen Person (dem Treuhandnehmer) genutzt werden.[16] In vielen Ländern müssen Trusts nicht behördlich registriert werden, was bedeutet, dass sie im Geheimen existieren können; im Gegensatz dazu müssen Gesellschaften und Stiftungen registriert werden und in regelmäßigen Abständen Rechenschaft über ihr Vermögen ablegen und Informationen über die Mitglieder ihrer Leitungsgremien preisgeben. Außerdem sind Trusts anders als Gesellschaften und Stiftungen keine rechtlichen Einheiten, was bedeutet, dass sie weder bankrottgehen noch verklagt werden können. Schließlich kann das in einem Trust aufbewahrte Vermögen ohne oder fast ohne Steuerabzüge wachsen, wenn der Treuhänder (was oft der Fall ist) in einem der vielen Rechtsräume in den ehemaligen britischen Kolonien ansässig ist, in denen es keine oder nur geringe Steuern gibt.

Abgesehen davon, dass es einen besonders guten Schutz des Vermögens und der Privatsphäre durch Werkzeuge wie den Trust ermöglicht, bietet das Common Law noch einen generellen Vorteil: Seine weltweite Anwendung und Anerkennung ermöglicht eine nahezu reibungslose Zirkulation des Kapitals rund um den Erdball. Da sich das Common Law in der Kolonialzeit auf der Erde ausbreitete, genießen in einem bestimmten Teil des Systems angesiedelte Strukturen zur Vermögensverwahrung in Rechtsräumen in aller Welt Anerkennung, was die »Interoperabilität« erleichtert. Für einige andere Rechtssysteme gilt das nicht. Beispielsweise könnte man zwar in den Genuss einiger der Steuererleichterungen und anderen Vorteile eines nach Common Law eingerichteten Trusts gelangen, indem man sein Vermögen in einem in der islamischen Welt stationierten Waqf anlegt, aber das islamische Recht und das Waqf werden nicht in vielen Ländern anerkannt, was es erschwert, Vermögenswerte international zu bewegen. Der Verwalter eines nach Common Law eingerichteten Trusts kann in vielen Teilen der Welt ein Bankkonto eröffnen und Überweisungen senden oder empfangen, während der Verwalter eines Waqf international möglicherweise auf rechtliche Hindernisse stößt. Das ist für die Superreichen, deren persönliche und geschäftliche Aktivitäten länderübergreifend sind, normalerweise inakzeptabel.

Die verbreitete Anerkennung des Trusts auch in Ländern, die in der Tradition des römischen Rechts stehen, ist ein Beleg für die finanzielle und geopolitische Vormachtstellung des Common Law und des angloamerikanischen Raums. Dabei gehört nur etwa ein Viertel der 195 von den Vereinten Nationen anerkannten Staaten dem Rechtskreis des Common Law an.

Als Analogie können wir das Betriebssystem Linux heranziehen, das viele Superrechner in aller Welt steuert und den Kern von verbreiteten mobilen Betriebssystemen wie Android darstellt. Linux ist eine »Open-Source-Software«, was bedeutet, dass alle Benutzer seinen Code umschreiben können, so wie Richter das Common Law modifizieren können. Obwohl es nur auf einer Minderheit der PCs und Laptops zum Einsatz kommt, müssen andere, weiter verbreitete Betriebssysteme wie iOS von Apple und Windows von Microsoft aufgrund der Bedeutung und globalen Verbreitung von Linux die Kompatibilität mit dieser Plattform gewährleisten. So wie in der Informatik fast alles auf irgendeiner Ebene mit Linux interagieren muss, müssen die meisten Rechtssysteme mit dem Common Law interagieren.

Die Kompatibilität des Common Law mit anderen Rechtskreisen ist aus zweierlei Gründen sehr bedeutsam für die transnationalen Superreichen. Erstens wissen sie, dass alle rechtlichen Vorkehrungen, die sie in einer ehemaligen britischen Kolonie treffen, um ihr Vermögen zu schützen, wahrscheinlich von Gerichten und Finanzinstituten in aller Welt anerkannt werden. Zweitens genießt ihr Eigentum den Schutz des stabilen britischen Gesetzes, was in einigen Fällen so weit geht, dass Berufungsverfahren in Steueroasen direkt an Gerichtshöfe in London weitergeleitet werden. In den Worten des Rechtstheoretikers Kojo Koram sind viele der früheren Kolonien, die sich in Offshore-Finanzzentren verwandelt haben, auch heute noch »ebenso britisches Territorium wie Sheffield oder Swansea«.[17]

Für die Superreichen ist die Aufbewahrung ihres Vermögens in Trusts, Gesellschaften und Stiftungen in den ehemaligen britischen Kolonien ebenso sicher und respektabel wie eine Anlage in Großbritannien – nur ohne die Belastung durch die britischen Steuern und Vorschriften. Es ist ein ähnlich gutes

Geschäft wie jenes, das das britische Empire einst seinen Kolonisten anbot: mit allen Garantien von Eigentumsrechten und Privatsphäre, die ein moderner Staat anbietet, aber ohne einen Großteil der Kosten. Dies ist einer der seltenen Fälle, in denen man sich tatsächlich den Pelz waschen lassen kann, ohne nass zu werden.

Trotz alledem war die Metamorphose der früheren britischen Kolonien zu einem Netz von Steueroasen letzten Endes ein historischer Unfall.[18] Das Offshore-System konnte entstehen, weil exogene politische Umwälzungen mit dem Fortbestehen imperialer Strukturen zusammenfielen, darunter insbesondere die zuvor beschriebenen Steuer- und Rechtssysteme. In den Jahren vor dem Zweiten Weltkrieg und in der unmittelbaren Nachkriegszeit entstanden in Nordamerika und Europa die modernen Wohlfahrtsstaaten. Um große soziale Auffangnetze wie die amerikanische Sozialversicherung und das britische Gesundheitswesen unterhalten zu können, brauchten die Staaten hohe Steuereinnahmen. In den sechziger Jahren war der Grenzsteuersatz der Einkommensteuer in den Vereinigten Staaten auf 91 Prozent gestiegen. In Großbritannien hatte er sogar einen Wert von 95 Prozent erreicht, was zu Protesten der bekanntesten Musiker des Landes führte: Die Rolling Stones flüchteten über den Ärmelkanal nach Frankreich, und die Beatles nahmen den Song »Taxman« auf.

Viele Unternehmen und vermögende Personen versuchten, sich der sehr hohen Steuerbelastung zu entziehen, sahen sich jedoch mit strengen Beschränkungen des Devisenverkehrs konfrontiert: Man konnte nur einen begrenzten Betrag der Währung eines Landes ins Ausland bringen. Beispielsweise durften britische Staatsbürger, die im Ausland Urlaub machen wollten, bis in die siebziger Jahre höchsten 50 Pfund mitnehmen, ein Betrag, der heute etwa 1 000 Euro entspräche. Das war eine erhebliche Einschränkung, vor allem, da die Briten erst im Jahr 1966 Zugang zu Kreditkarten erhielten, das heißt etwa anderthalb Jahrzehnte nach der Einführung dieses Zahlungsmittels in den Vereinigten Staaten.[19] Natürlich konnte man Bargeld im Koffer in die Schweiz bringen, wenn man bereit war, sich auf das Risiko einer hohen Geldbuße oder sogar einer Haftstrafe einzulassen, wie es der britische Milliardär Howard Marks, ein in Oxford ausgebildeter Atomphysiker, der sich zum internationalen Drogenbaron gewandelt hatte, nach eigenem Bekunden in den siebziger Jahren tat. Aber die meisten Leute waren nicht bereit, sich auf ein solches Wagnis einzulassen.[20]

In der Nachkriegszeit wurden die Unabhängigkeitsbewegungen weltweit stärker und destabilisierten die europäischen Kolonialreiche. Als die Kolonialmächte den Rückzug antraten, wurde offenkundig, dass sie sehr unterschiedliche Vermächtnisse hinterließen. Spanien und Deutschland hatten im Wesentlichen reiche und bevölkerungsreiche Gebiete kolonisiert, um sie durch brutale Ressourcenextraktion zu ruinieren und wenig zurückzulassen, was wiederaufgebaut werden konnte.[21] Auch die Briten wandten manchmal eine ähnliche Strategie an (vor allem in Indien und Südafrika), aber sie konzentrierten sich zumeist auf dünn besiedelte Territorien, wo problemlos die bürokratische Infrastruktur für die Anwendung des Common Law errichtet und die staatliche Verwaltung mit in Schulen der Kolonialverwaltung ausgebildeten indigenen Fachleuten besetzt werden konnte. Das Resultat war nach Einschätzung der Autoren einer soziologischen Studie eine Strategie der Kolonisierung durch Klonen, welche diese Territorien in »kleine Großbritanniens« verwandelte.[22] Das diente nicht nur den Interessen der Kolonialmacht, sondern schuf unbeabsichtigt auch die Voraussetzungen für die Entstehung einer postimperialen Welt eigenständiger Staaten, deren Volkswirtschaften auf Wissensarbeit und Sachkenntnis beruhte.

Die Entkolonialisierung löste auch eine Kapitalflucht von einer früheren Kolonie in die andere aus, da die Eigentümer politischen und wirtschaftlichen Wirren an einem Ort des zerfallenden Imperiums zu entkommen versuchten und anderswo einen sicheren Zufluchtsort suchten. Siedler europäischer Herkunft, die sich davor fürchteten, dass die ehemaligen Untertanen des Kolonialreichs ihnen Kapitalverkehrsbeschränkungen auferlegen oder ihren Besitz beschlagnahmen würden, lösten ihr Vermögen auf und brachten es in Länder, die Sicherheit und Geheimhaltung versprachen. Das war ein Segen nicht nur für traditionelle »Steueroasen« wie die Schweiz (die sich bei französischen und anderen Siedlern aus Kolonialreichen, in denen das Civil Law galt, großer Beliebtheit erfreute), sondern auch für britische Kolonien, die sich noch nicht um die Unabhängigkeit bemüht hatten. Zu diesen Überseegebieten zählten die Bahamas, wo das Unabhängigkeitsstreben später erwachte, weshalb sie ein bevorzugter Aufbewahrungsort für die Vermögen von Siedlern aus entkolonialisierten Ländern wurden.[23]

Als diese drei historischen Prozesse – Entkolonialisierung, Steuererhöhungen zur Finanzierung des Wohlfahrtsstaats und Ende der Devisenverkehrsbeschränkungen – zusammenflossen, mauserten sich die britischen Niedrigsteuerkolonien zu außerordentlich attraktiven Aufbewahrungsorten für Vermögen. Dies erwies sich auch als gute Lösung für das durch die Entkolonialisierung entstandene finanzielle Problem. Die Auflösung des britischen Weltreichs begann im Jahr 1947 mit dem Rückzug aus Indien, aber es dauerte ein Vierteljahrhundert, bis der Prozess abgeschlossen war. Das lag teilweise daran, dass nicht klar war, wie viele der kleineren Kolonien als unabhängige Staaten überlebensfähig sein würden. Viele von ihnen, darunter die für ihre Mückenplagen berüchtigten und unterentwickelten Cayman Islands, die lange Zeit administrativ von der Kronkolonie Jamaika abhingen, hatten kaum Aussichten, wirtschaftlich auf eigenen Füßen stehen zu können. Dieser Inselgruppe fehlte die für den Aufbau einer Tourismusindustrie erforderliche Infrastruktur (wie Telefonleitungen und eine umfassende Stromversorgung), und sie besaßen kaum Bodenschätze, sondern waren auf Fischerei und Landwirtschaft mit kleinbäuerlichen Betrieben angewiesen.[24] Wenn sie keinen Plan entwerfen konnten, um selbst Einnahmen zu erzielen, würden diese Territorien langfristig auf die finanzielle Unterstützung Londons angewiesen bleiben, und diese Aussicht weckte zu einer Zeit, als in Großbritannien öffentliche Dienste zurechtgestutzt werden mussten, keine Begeisterung bei den britischen Wählern.

Der Aufbau des Finanzsektors, der sehr viel geringere Infrastrukturerfordernisse hatte als andere Wirtschaftssektoren, war in den Augen der britischen Regierung die einfachste Lösung, um die Entwicklung der Kolonien voranzutreiben und sie wirtschaftlich unabhängig zu machen. Einer der von mir interviewten Vermögensverwalter in Panama hatte eine führende Rolle in diesem Prozess gespielt. Dieser elegante weißhaarige Gentleman mit feinen Manieren und einem entzückenden Akzent war sowohl ein Produkt des Kolonialsystems als auch ein Instrument, das eingesetzt wurde, um die Wiedergeburt des Systems in der Offshore-Welt zu ermöglichen. Er stammte aus Rhodesien (aus dem mittlerweile Sambia und Simbabwe geworden sind) und hatte als Beamter im dortigen Justizsystem gearbeitet, bevor er auswanderte, um sich auf den Kanalinseln und später auf den Cayman Islands als Treuhänder zu verdingen.

Nachdem er einige Jahre auf eigene Rechnung gearbeitet hatte, kehrte er in den Staatsdienst zurück und wurde mit einer imperialen Aufgabe betraut: »Im Jahr 1969 wurde ich von der britischen Regierung auf die Turks- und Caicosinseln geschickt, um die dortigen Vorschriften für Finanzdienstleistungen unter die Lupe zu nehmen und eine Kommission einzurichten, die sich mit diesem rechtlichen Rahmen auseinandersetzen sollte. Einer meiner Aufträge lautete: ›Diese Inseln kosten den britischen Steuerzahler ein Vermögen. Daher möchten wir, dass Sie dort den Aufbau von Offshore-Banking und Offshore-Gesellschaften in Gang bringen, damit die Inseln wirtschaftlich unabhängig werden.‹« Mitte der siebziger Jahre konnten die Turks- und Caicosinseln in die Unabhängigkeit entlassen werden. Heute erwirtschaften sie 30 Prozent ihres Bruttoinlandsprodukts mit Finanzdienstleistungen.[25]

Diese Geschichte wiederholte sich in den sechziger und siebziger Jahren überall in den Gebieten, aus denen sich die britische Kolonialmacht zurückzog. Geleitet wurde der Übergang überall von sehr ähnlichen Figuren. Die neue rechtliche Strategie, mit der die Britischen Jungferninseln zum beliebtesten Offshore-Zentrum der Welt wurden, wurde von einem Mann namens Michael Riegels entwickelt, der in der ostafrikanischen britischen Kolonie Tanganjika (dem heutigen Tansania) geboren und in Kenia ausgebildet worden war und nach einem Studium in Oxford als Rechtsanwalt in Großbritannien praktiziert hatte. Nach seinem Umzug auf die Jungferninseln leitete Riegels dort ein fünfköpfiges Anwaltsteam, das die Offshore-Welt mit dem International Business Companies Act (IBC) revolutionierte: Dieses »radikale« Gesetz eröffnete neue Möglichkeiten zur globalen Steuervermeidung samt strikter Vertraulichkeit. Auf den Britischen Jungferninseln sind Unternehmen nicht nur steuerbefreit, sondern sie müssen auch keinerlei Buchhaltungs- oder Rechnungsprüfungserfordernisse erfüllen. Um eine zusätzliche Ebene der Geheimhaltung hinzuzufügen, schreibt das Gesetz vor, dass die Namen der an einem Unternehmen beteiligten Personen – seien es Aktionäre oder Manager – nur auf gerichtliche Anordnung offengelegt werden dürfen.

Diese gesetzlichen Bestimmungen waren derart verlockend, dass der »rückständige« Inselstaat rasch zum führenden Offshore-Zentrum wurde, das hohe Einnahmen mit Registrierungsgebühren erzielte. Mittlerweile tragen die Gebühren mehr als die Hälfte zum Nationaleinkommen des Landes bei.[26] Es war eine beinahe wundersame Rettung für einen Ort, der eine Generation früher von einem erfahrenen Kolonialverwalter abgeschrieben worden war, der im Jahr 1947 geschrieben hatte: »Es gibt keine rückständigere Einheit im britischen Kolonialreich.«[27] Heute sind dort rund 40 Prozent der globalen Offshore-Finanzdienstleistungen beheimatet, was Hunderten Milliarden Dollar an privatem und Firmenvermögen entspricht.[28] Die Bewohner der Britischen Jungferninseln genießen einen sehr viel höheren Lebensstandard als die Bevölkerung anderer Karibikinseln.[29] Diese Verwandlung hat den IBC Act in der postkolonialen Welt zu einem »quasireligiösen Text« gemacht.[30] Er wurde von so vielen angehenden Finanzzentren kopiert – und zwar oft wortwörtlich, wobei lediglich die Bezeichnung des Territoriums ausgetauscht wurde –, dass *sämtliche* Offshore-Firmen unabhängig von ihrem Sitz eine Zeit lang nur als »BVIs« bezeichnet wurden (für British Virgin Islands, die Britischen Jungferninseln).[31]

Eine noch verblüffendere Metamorphose machten die Cayman Islands durch. Dort entwarf William Walker – geboren in der südamerikanischen Kolonie Britisch-Guyana (heute Guyana), ausgebildet in der Kolonie Barbados und später in

Cambridge – das Trust Law, das Companies Law und andere grundlegende Rechtstexte, die aus den Inseln eine der weltweit führenden Steueroasen machten. Innerhalb von 20 Jahren mauserte sich dieser Archipel von einem armen und unerwünschten Anhängsel Jamaikas zum Land mit dem höchsten Pro-Kopf-Vermögen der Karibik. Das Pro-Kopf-Einkommen Guyanas ist höher als das Großbritanniens.[32] Walker, der Architekt dieses »Wirtschaftswunders«, wurde von Königin Elizabeth II. zum Ritter des Order of the British Empire (OBE) geschlagen.[33]

Ich hatte keine Gelegenheit, mit Walker zu sprechen, aber ich interviewte einen seiner wichtigsten Mitarbeiter beim Umbau der Cayman Islands zum Offshore-Zentrum: den kürzlich verstorbenen britischen Anwalt Milton Grundy, der in einem Nachruf in einer Londoner Zeitung als »graue Eminenz« der Offshore-Finanzen bezeichnet wurde.[34] In einem Telefoninterview im Jahr 2019 erklärte mir Grundy (der vier Jahre später im Alter von 96 Jahren starb), der Aufstieg der neuen Finanzzentren sei von einer ethnisch motivierten Angst vor den postkolonialen Unabhängigkeitsbewegungen und vor erwarteten Repressalien gegen die weiße Elite angetrieben worden. »Ich arbeitete zu jener Zeit viel in der Karibik, vor allem auf den Bahamas«, sagte er über die späten sechziger Jahre. »Es herrschte politische Ungewissheit, weil die Macht von den Weißen auf die Schwarzen überging, weshalb reiche Personen ihr Geld hinausbringen wollten. Die Leute sahen in den Caymans einen Zufluchtsort, weil der Gouverneur weiß war und weil es keine politische Agitation gab.« Als Jamaika im Jahr 1962 seine Unabhängigkeit erklärte, schlugen die Cayman Islands den entgegengesetzten Weg ein und entschlossen sich, sich direkt der britischen Herrschaft zu unterstellen. Kurze Zeit später gab der Gouverneur der Inselgruppe Grundy den Auftrag, neue Gesetze für den Finanzsektor zu verfassen. Die Folge war, dass eine Welle von Kolonistengeld über die Inseln schwappte. So entstand »die anrüchigste Steueroase auf der Erde«, wie ein Londoner Journalist erklärt, ein Ort, der zugleich »britischer als Großbritannien« ist.[35]

Es hatte den Anschein, als werde es nur Gewinner geben, wenn man die übrigen ehemaligen Kolonien ebenfalls in Steuerparadiese verwandelte: Diese Länder würden in der Lage sein, sich mit den Gebühren für Finanzdienstleistungen selbst zu erhalten, und das ehemalige Mutterland konnte sich die kostspieligen Territorien vom Hals schaffen. Doch hinter den Kulissen löste diese Strategie einen jahrelangen Konflikt in Kolonialverwaltung und staatlicher Bürokratie aus. Auf der einen Seite stand das Finanzministerium, das der Meinung war, die nach Unabhängigkeit strebenden Länder könnten wirtschaftlich nicht überleben, wenn sie nur sehr niedrige oder überhaupt keine Steuern erhöben. Hingegen waren die Bank of England und das Commonwealth Office überzeugt, der Plan zur Errichtung von Steueroasen werde diese Territorien in die Lage versetzen, »sich selbst zu erhalten und nicht länger die britische Wirtschaft auszusaugen«.[36] Mitte der siebziger Jahre hatte sich die zweite Gruppe mit Unterstützung der Kolonistenelite, die weiterhin möglichst wenig Steuern zahlen wollte, durchgesetzt, was zur Entstehung des Netzwerks führte, das wir heute als Offshore-Finanzsystem bezeichnen.

Vor diesem historischen Hintergrund sollten wir die Geschichte der Bahamas und ihrer Metamorphose von einer wirtschaftlich rückständigen Inselgruppe zu einem Machtzentrum der globalen Finanzwirtschaft betrachten. Die Kolonisierung der Welt durch die Europäer begann vermutlich auf den Bahamas: Die ersten Menschen, denen Kolumbus im Jahr 1492 in

Amerika begegnete, waren die Lucayan, welche die nördlichste Insel des Archipels bewohnten. Als Ponce de León 21 Jahre später Grand Bahama erreichte, waren die Lucayan verschwunden: Spanische Sklavenhändler hatten die gesamte Bevölkerung verschleppt.[37] In den folgenden Jahrhunderten »machten Piraten die Bahamas zu ihren Stützpunkten und übten de facto die Herrschaft aus«. Noch im 20. Jahrhundert galten die Inseln als »primitiv und ländlich«,[38] bewohnt von einer kleinen weißen Elite, die über die Abkömmlinge der Sklaven herrschte, die auf den Plantagen gearbeitet hatten, welche die Briten sowie nach dem Unabhängigkeitskrieg geflüchtete monarchistische Amerikaner und nach dem Bürgerkrieg Anhänger der Konföderierten gegründet hatten.[39]

Während ihre indigene Bevölkerung auf dem Subsistenzniveau lebte, eroberten die Bahamas einen wichtigen Platz in einer Grauzone des Welthandels: An diesem Ort, an dem viele Gesetze nicht galten, konnte man rasch ein Vermögen verdienen. Seit den Tagen des erbitterten imperialistischen Wettbewerbs in der Karibik dienten die Bahamas als Freihafen. Es gab dort keine protektionistischen Handelsbeschränkungen. In mehrerlei Hinsicht war die Gestalt, die diese Inselgruppe im 20. Jahrhundert annahm, lediglich eine aktualisierte Version dessen, was die Bahamas Jahrhunderte früher für die Händler der britischen, französischen, spanischen und niederländischen Kolonialmächte gewesen waren: Dies war einer der unverzichtbaren Orte, an denen sich Händler aus allen vier Ländern treffen und mit Geschäften, die ansonsten illegal gewesen wären, gemeinsam reich werden konnten. Die merkantilistischen Spielregeln beschränkten den Handel mit den Kolonien auf die Schiffe und Häfen der jeweiligen Kolonialmacht. Aber da Spanien und andere Länder auf Fertigerzeugnisse aus England angewiesen waren und mit mexikanischem Silber bezahlen konnten, richteten die vier europäischen Mächte einige Handelsposten ein, an denen ihre Gesetze nicht galten und keine Steuern zu entrichten waren.

Ihrem Status als gesetzesfreie Zone war es zu verdanken, dass die Bahamas ab dem Zeitalter der Piraterie bis ins frühe 20. Jahrhundert mit Unterbrechungen wirtschaftlich gediehen. Doch damit die Inseln in den Genuss eines steten Geldstroms kamen, waren zwei Veränderungen auf dem nordamerikanischen Kontinent nötig: Zum einen entdeckten kanadische Bürger, dass sie sämtliche Einkommensteuern in ihrer Heimat vermeiden konnten, indem sie sich für mindestens sechs Monate im Jahr auf den Bahamas als wohnhaft meldeten. Möglich wurde das durch eine Vereinbarung, welche die beiden Länder im britischen Commonwealth miteinander verband.[40] Zum anderen erlebten die Vereinigten Staaten zunächst die Prohibition (mit dem 18. Verfassungszusatz wurden Verkauf und Import alkoholischer Getränke verboten) und dann den New Deal, der die Reichen einer höheren Steuerbelastung aussetzte. Das führte zur Entstehung eines sogenannten »kriminogenen Umfelds«, in dem die wirtschaftlichen Anreize zu kriminellen Aktivitäten wie Alkoholschmuggel und Steuerhinterziehung anwuchsen. Zwielichtige Akteure erkannten eine goldene Gelegenheit.

Die nur 85 Kilometer von Miami entfernten Bahamas bieten sich für Aktivitäten an, die in den Vereinigten Staaten gesetzlich verboten sind. In den sechziger Jahren des 19. Jahrhunderts wuchs der Wohlstand Nassaus einige Jahre lang, als die Insel den Konföderierten dabei half, die Seeblockade der Union zu umgehen: An diesem Handelsposten wurde Baumwolle aus den Südstaaten gegen Waffen aus Großbritannien getauscht.[41] Als im Jahr 1920 in den Vereinigten Staaten der Verkauf von

Alkohol verboten wurde, verwandelten sich die Inseln rasch in eine Drehscheibe für den Rumschmuggel. Wie sich herausstellte, war dies »ein Geschenk Gottes für die Wirtschaft der Bahamas«, denn nun floss stetig Geld von wohlhabenden Touristen und Käufern, das einem »bettelarmen« Land, dessen Subsistenzwirtschaft sich auf Fischerei und Landwirtschaft stützte, ein wichtiges Zusatzeinkommen sicherte.[42]

Wie einst die Abenteurer in den Piratennestern und Freihäfen des 17. Jahrhunderts verdienten unternehmungslustige Amerikaner wie William McCoy ein Vermögen mit Machenschaften am Rande des Gesetzes. Sie segelten nach Nassau, wo der Alkoholverkauf nach britischem Gesetz erlaubt war, kauften kistenweise Gin und Whiskey, segelten zur US-Küste und gingen drei Meilen vom Ufer entfernt in internationalen Gewässern vor Anker, um den Alkohol an Amerikaner zu verkaufen, die mit Booten hinausfuhren, um die Ware abzuholen. McCoys Geschäftsmodell diente als Vorbild für die Offshore-Finanzen, wo die »kreative Einhaltung der Vorschriften« üblich ist: Es gehorchte dem Buchstaben des amerikanischen Gesetzes, verstieß jedoch gegen dessen Geist.[43] Da er nie Alkohol auf amerikanischem Staatsgebiet verkaufte, war seine Aktivität formal legal. Und es wird erzählt, dass er hochwertige, nicht verwässerte Getränke verkaufte, weshalb sein Name zum Synonym für Unverfälschtheit wurde: Noch heute bezeichnen die Amerikaner etwas Echtes und Hochwertiges als »the real McCoy«.[44]

Die Tradition, die Bahamas zur Umgehung der Gesetze anderer Länder zu benutzen, wurde Mitte der dreißiger Jahre erneut mit Leben erfüllt: Reiche Amerikaner begannen, auf die Inseln umzuziehen, um sich den Steuererhöhungen zu entziehen, mit denen Präsident Franklin D. Roosevelt den New Deal finanzierte. Wallace Groves, ein amerikanischer Finanzier, der die Bahamas später in ein weltweit führendes Offshore-Zentrum verwandeln sollte, besuchte die Inseln auf seiner Jacht und entwickelte Steuervermeidungspläne, die ihm schließlich einen zweijährigen Aufenthalt in einem amerikanischen Bundesgefängnis sicherten. Groves und andere Steuervermeider aus Nordamerika und Europa wurden nicht nur vom nicht regulierten Finanzsektor, sondern auch vom Versprechen der Verschwiegenheit und Stabilität angelockt, das die Institutionen des britischen Imperialismus gaben.[45]

Auf den Bahamas galten Gesetze, die »imperiale Vergünstigungen« für weiße Siedler waren, und weder persönliche noch Unternehmenseinkommen wurden mit Steuern belastet.[46] Die Geschäftssprache war Englisch, was für Nordamerikaner ein großer Vorteil war, und es galt das englische Recht: Das höchstinstanzliche Berufungsgericht für Rechtsstreitigkeiten auf den Bahamas war das Privy Council in London. Und da die Bahamas Teil der Sterling-Zone waren – ihre Währung war das Britische Pfund –, profitierte ihre Wirtschaft von der stabilisierenden Geldpolitik der britischen Zentralbank. Aber das Sahnehäubchen auf der Torte für reiche Ausländer war die Gewissheit, dass das, was in Nassau geschah, in Nassau bleiben würde. Anthony Audley Thompson, ein auf den Bahamas geborener Historiker, beschrieb die Anziehungskraft, die das Land auf Personen wie Groves ausübte:

> Ein weiterer Faktor war die Vertraulichkeit der Aktivitäten ihrer Unternehmen. Viele dieser Unternehmen waren in Wahrheit rechtliche Fiktionen, deren einziger Zweck darin bestand, der Besteuerung in anderen Ländern zu entgehen. Da es zwischen den Bahamas und anderen Staaten keine Abkommen über den Austausch von Finanzinformationen gab, konnten ausländische

> Behörden die Konten dieser Gesellschaften nicht unter die Lupe nehmen. Und der Staat der Bahamas schrieb den überwiegend imaginären Holdinggesellschaften keinerlei Finanzberichterstattung vor.[47]

Die britische Kolonialverwaltung hatte also unabsichtlich die grundlegende rechtliche und finanzielle Infrastruktur bereitgestellt, auf der das ideale Offshore-Finanzzentrum errichtet werden konnte. Hier wurde das libertäre Ideal verwirklicht, das auf der Ablehnung staatlicher Vorschriften beruht und die einzige angemessene Funktion des Staates darin sieht, das Privateigentum zu schützen. Das Einzige, was fehlte, war die kreative Erkenntnis, dass diese kolonialen Elemente umgestaltet werden konnten, um sie in den Dienst von Akteuren zu stellen, die keine Siedler waren und möglicherweise nie einen Fuß auf die Inseln setzen würden.

Nach Verbüßung seiner Haftstrafe ließ sich Wallace Groves Mitte der vierziger Jahre auf Grand Bahama nieder und machte sich daran, die Inseln erneut zu kolonisieren, wenn auch nicht im Namen irgendeiner Kolonialmacht, sondern zu seinem persönlichen Vorteil und im Interesse einer multinationalen Oligarchie. Der Poet und Politiker Aimé Césaire erkannte rasch, dass Figuren wie Groves einen Schatten auf die Karibik warfen, und erklärte, die entscheidenden Akteure der Kolonisierung und der darauffolgenden Entwicklungen seien »der Abenteurer und der Pirat«.[48] Diese Beschreibung traf auf Groves und andere Angehörige der internationalen Finanzhalbwelt zu, darunter ein kanadischer Spieler mit Mafia-Verbindungen und ein ehemaliger Schweizer Bankier, dem nach einer Verurteilung wegen Finanzkriminalität die Flucht aus der französischen Strafkolonie auf der Teufelsinsel gelang (dies war die berüchtigte Strafanstalt, die im Film *Papillon* dargestellt wird).[49] Schließlich tauchte auch das organisierte Verbrechen auf den Inseln auf, in Person von Groves' gefürchtetem »stillem Partner« Meyer Lansky, einem der mächtigsten Gangster des 20. Jahrhunderts.[50]

Der Dreh- und Angelpunkt von Groves' Projekt war die Einrichtung einer Freihandelszone auf der Insel Grand Bahama. Die Regierung überließ Groves für 99 Jahre mehr als 200 Quadratkilometer Land (etwa 15 Prozent der gesamten Landmasse der Insel) für eine Zone, die er persönlich verwalten konnte, ohne Steuern zahlen oder sich Vorschriften unterwerfen zu müssen. Chronisten der Geschichte des Archipels haben dies als »Aufgabe der Souveränität« bezeichnet. Dies ist stets ein prägendes Ereignis in der Kolonisierung.[51] Dieses im Hawksbill Creek Agreement von 1955 festgeschriebene Geschäft gab Groves die Befugnis, eine eigene Polizei zu beschäftigen und »unerwünschte Personen« zu vertreiben. In einer Reportage in der Zeitschrift *Life* hieß es, Groves verteile »mit der Autorität eines Feudalherren Privilegien und Geschäftslizenzen – und wenn er will, nimmt er sie wieder weg«.[52] Die Regelung hatte Ähnlichkeit mit dem, was bei der britischen Kolonisierung Hongkongs geschehen war: Einmal mehr gab eine zeitlich begrenzte Vereinbarung den Anstoß zur Verwandlung eines strategischen internationalen Handelspostens in ein führendes Offshore-Finanzzentrum.

Der wesentliche Unterschied war, dass Groves auf den Bahamas *auf britischem Territorium* persönlich als Kolonialmacht im Interesse einer multinationalen Elite auftrat: Er hatte *eine Kolonie in einer Kolonie* errichtet. Sein Vorhaben war eine für das 20. Jahrhundert aktualisierte Version des sehr viel älteren »per Privatvertrag errichteten Imperiums«, in dem sich Gesetzlose und Abenteurer aus dem ganzen Empire mit rechtlich zweifelhaften Verträgen ein Stück souveränen Territoriums angeeignet und sich zu absoluten Herrschern über ihr kleines Reich aufgeschwungen hatten.[53] Es passte zu Groves, dass er auf Grand Bahama in einer Reihe dubioser Transaktionen Grundstücke erwarb; einer seiner Käufe beruhte auf dem gefälschten Testament eines blinden indigenen Bauern, der Analphabet war.[54]

Mit dem Hawksbill Creek Vereinbarung wurde Groves' Strategie des Erwerbs durch Enteignung vom Staat abgesegnet. *Life* verglich die Regelung mit den »Freibriefen«, die Königin Elizabeth I. im Jahr 1600 der Britischen Ostindien-Kompanie ausgestellt hatte – dies war der Startschuss zu einem jahrhundertelangen Raubzug gewesen, der ein weltumspannendes Imperium hervorgebracht hatte.[55] Der innovative Beitrag von Groves bestand darin, dass er eine Praxis, die in früheren Zeiten in fernen Ländern in Südostasien und Afrika angewandt worden war, im 20. Jahrhundert direkt in den Hinterhof der Vereinigten Staaten brachte. Das Projekt beinhaltete ethnisch motivierte Unterdrückung und Gewalt, was die *New York Times* dazu bewegte, Nassau unter Groves nicht nur mit einer Monarchie, sondern auch mit einem »Polizeistaat« zu vergleichen.[56]

Aber Groves' Lösung war nicht nur eine *Imitation* altbekannter kolonialer Praktiken, sondern sie hing direkt von der damaligen kolonialen Infrastruktur ab. Die Historiker beim Grand Bahama Museum – einer von der Familie Groves gegründeten und geleiteten Einrichtung – schreiben über das Hawksbill Creek Agreement: »Dieser bemerkenswerte Vertrag zwischen der Kolonialverwaltung der Bahamas und einer privaten Gesellschaft, die zur Gänze der Familie Groves gehörte, wurde zu einer Zeit geschlossen, als die alte Kolonialstruktur noch bestand.«[57] Das bedeutet, dass das neue Imperium der Offshore-

Finanzen buchstäblich auf den älteren Strukturen des britischen Imperialismus errichtet wurde, so wie die Spanier einst ihre Kolonialstrukturen direkt auf den wichtigsten Institutionen des Vorgängerimperiums der Inka errichtet hatten.

15 Jahre nach Unterzeichnung der Vereinbarung gedieh Groves' Schöpfung so gut, dass der *Economist* die Bahamas als »archetypische Steueroase« bezeichnete.[58] In einheimischen Publikationen war von der »kleinen Schweiz der westlichen Hemisphäre« die Rede.[59] Hunderte amerikanische, kanadische und schweizerische Banken eröffneten Niederlassungen in der Hauptstadt Nassau, und fast 10 Prozent der Bevölkerung des Inselstaats, von denen schätzungsweise 85 Prozent schwarze Bahamer waren, fanden Arbeit im Offshore-Sektor.[60]

Dank der Geldzuflüsse erhielten Nassau und Freeport (die größte Stadt auf Grand Bahama) Verkehrs- und Telekommunikationsinfrastrukturen, die mit denen in den Vereinigten Staaten vergleichbar waren. Nun konnten die Bahamas glaubwürdig behaupten, eine Drehscheibe für transnationale Kapitalströme zu sein, vollkommen integriert in das weltweite Netz von Offshore-Finanzzentren und ehemaligen britischen Kolonien. Gleichzeitig erwuchs der Inselgruppe Konkurrenz in den aufstrebenden Cayman Islands und anderen imperialen Territorien. Zwei Jahre nach der Unabhängigkeit von Großbritannien erklärte der Gouverneur der Zentralbank der Bahamas in einem Interview, Voraussetzung für nationale Eigenständigkeit und Unabhängigkeit sei, dass das Land nicht nur an seinen Praktiken festhalte, sondern seine Position als Offshore-Zentrum auch aggressiv ausbaue.[61]

Was das in der Praxis bedeutete, wurde sogar in der heimischen Presse als unappetitlich bezeichnet. Ein Buchhalter beschrieb schonungslos, wie reiche Ausländer die Möglichkeiten für rechtliche Taschenspielereien ausnutzten, die ihnen die Bahamas anboten:

> Zu den von Ausländern auf den Bahamas angewandten Methoden zählen:
>
> 1. Eröffnung geheimer Bankkonten.
> 2. Kauf von Briefkastenfirmen für Transaktionen.
> 3. Einschaltung unverbundener Dritter (auf den Bahamas) zwecks Steuervermeidung, normalerweise gegen Kommission.
> 4. Fälschung vordatierter Vereinbarungen, Zusagen, Rechnungen usw. zwecks Umleitung von Einkommen auf die Bahamas.
>
> [...] Die meisten dieser Praktiken bewegen sich bestenfalls am Rande der Gesetze des Hochsteuerlandes, dem die Einnahmen vorenthalten werden, und sind daher moralisch fragwürdig.[62]

Es war klar, was das bedeutete: Die Bahamas würden sich die postkoloniale fiskalische Unabhängigkeit sichern, indem sie reichen Ausländern dabei halfen, die Gesetze ihrer Heimatländer zu brechen. Die Regierung des Inselstaats segnete Fälschung und Betrug offiziell ab. Groves hatte das Piratennest des 17. Jahrhunderts wieder mit Leben erfüllt und mit allen modernen Annehmlichkeiten ausgestattet.

Wie die Freibeuter der Vergangenheit handelte der »freiberufliche Imperialist« Groves nicht im Namen eines Landes, sondern im Namen des Kapitals.[63] Er schob die Grenzen des Gesetzes so weit hinaus, bis ihm jemand Einhalt gebot – was nicht sehr oft vorkam, weil er vielen mächtigen Leuten zu fabelhaftem Reichtum verhalf. Seine Erfolge waren so bemerkenswert, dass die *Financial Times* die Bahamas im Jahr 2019 als das gemessen am Pro-Kopf-BIP reichste Land in der Karibik einstufte, was der Archipel im Wesentlichen den Offshore-Finanzdienstleistungen zu verdanken hatte, die zu jenem Zeitpunkt geschätzte 20 Prozent seiner Wirtschaftsleistung ausmachten.[64] Diese Zahlen veranschaulichen die außergewöhnliche Wandlung der Bahamas, die in den vierziger Jahren noch unter verbreitetem Elend gelitten und gelegentlich Hungertote beklagt hatten.[65] Ihre extreme wirtschaftliche Verwundbarkeit machte die Bahamas zu einer leichten Beute für Leute wie Groves, die schnellen Reichtum versprachen. Dasselbe Raubrittertum war in den sechziger und siebziger Jahren überall in den postkolonialen Staaten zu beobachten.[66]

Die Tatsache, dass die meisten Bahamer vor Groves' Ankunft unter wirklich erbärmlichen Bedingungen lebten, dürfte erklären, warum er sogar von der schwarzen Elite auch nach Jahrzehnten noch als Held verehrt wird. In einem unterwürfigen Essay anlässlich des zehnten Jahrestags der Unterzeichnung des Hawksbill Creek Agreements pries der schwarze Herausgeber und Chefredakteur der *Bahamian Review* den »unerschrockenen Unternehmer Wallace Groves« und den »unschätzbaren Dienst, den der Gründer von Freeport diesem Teil der Menschheit geleistet hat«.[67] Diese Wortwahl entspricht dem Bild vom guten König, das viele superreiche Klienten des Offshore-Finanzsektors von Groves haben. In der amerikanischen Presse wurde er Ende der sechziger Jahre als »König der Bahamas« bezeichnet.[68]

Doch während der nationale Wohlstand der Inseln wuchs, nahm auch die Ungleichheit deutlich zu. Das Ergebnis ist ein Meer von Armut, in dem sich einige »ungeheuer reiche private Imperien« erheben, an deren Spitze einige wenige Weiße wie

Groves und seine Spießgesellen stehen.[69] Groves wies sämtliche Merkmale auf, die den Freibeuter Sir James Brooke ausgezeichnet hatten, der im 19. Jahrhundert mit Unterstützung der britischen Flotte die Insel Borneo unterwarf, sich ein Stück davon herausschnitt und sich im Jahr 1841 zum König ausrufen ließ. Kurze Zeit später wurde er in London zum Ritter geschlagen und zum Gouverneur eines anderen Territoriums auf Borneo ernannt: Labuan ist heute ebenfalls ein Offshore-Finanzzentrum. Wie seinerzeit Brooke spezialisierte sich Groves auf das Plündern und errichtete eine Kolonie innerhalb einer Kolonie. Dort nutzte er imperiale Institutionen zu seinem persönlichen Vorteil, um anschließend Reichtum durch Enteignung anzuhäufen, die von einem autoritären weißen Regime durchgesetzt wurde.[70] Dies ist das Rezept für den Aufbau eines Offshore-Finanzzentrums.

Kapitel 4

# DAS PARADOX DES ÜBERFLUSSES

Anfang der neunziger Jahre prägten Wirtschaftssoziologen und Politikwissenschaftler den Begriff des »Fluchs der Ressourcen«, um eine paradoxe Entwicklung zu beschreiben, die sie in Ländern beobachtet hatten, in denen wertvolle Bodenschätze entdeckt worden waren: Anstatt aufzublühen, gerieten solche Länder oft in eine wirtschaftliche und politische Schieflage.[1] Anstatt den Lebensstandard der gesamten Bevölkerung zu heben, erzeugte der neue Reichtum Gewalt, Ungleichheit und Korruption. Terry Karl, eine Politikwissenschaftlerin an der Stanford University, bezeichnete das Phänomen als »Paradox des Überflusses«. Sie beobachtete dasselbe Muster überall auf der Welt, von Venezuela (wo sie die vom Ölreichtum verursachte Zerstörung untersuchte) bis Sierra Leone (Heimat der »Blutdiamanten«) und Afghanistan (das trotz seiner Bodenschätze im Wert von geschätzten 3 Billionen Dollar weiterhin zu den ärmsten und korruptesten Ländern auf der Erde zählt).[2]

Das Paradox ist auch in den meisten Offshore-Zentren der Welt zu beobachten. Wie die vom Ressourcenfluch betroffenen Länder sind viele Offshore-Zentren ehemalige Kolonien, die Mühe haben, ihre Staatshaushalte zu finanzieren. Ihre einzige Ressource ist das Humankapital: eine Bevölkerung, die ausreichend gebildet ist, um die Tätigkeiten zu bewältigen, die erforderlich sind, um ausländische Gesellschaften, Trusts und Stiftungen zu betreuen. Kann es irgendeinen Zweifel daran geben, dass der Zustrom internationalen Kapitals ein Segen für diese wirtschaftlich und politisch fragilen Länder ist? Eine relativ geringe Investition in Infrastruktur sichert ihnen Arbeitsplätze und Einnahmen – ein paar Büros mit Computern und Breitbandinternet, und sie sind im Geschäft.

Aber der Status als Offshore-Finanzzentrum geht mit unerwarteten Kosten einher. Solche Länder erleiden derart oft einen rasanten wirtschaftlichen, politischen und sozialen Niedergang, dass Beobachter einen neuen Begriff für das Phänomen geprägt haben: Sie nennen es den »Fluch der Finanzen«, der ein Subtyp des Paradoxes des Überflusses ist.[3] Wird ein Land vom Fluch der Finanzen heimgesucht, so ist ein charakteristisches Entwicklungsmuster zu beobachten: Demokratie, Wirtschaft und Kultur bleiben formal intakt, werden jedoch zunehmend in den Dienst der internationalen Eliten gestellt. Die staatliche Verwaltung wird auf Kosten der heimischen Bevölkerung den Interessen von Personen untergeordnet, die nicht einmal dort leben. Wie der Rechtswissenschaftler Kojo Koram beobachtet hat, wird die repräsentative Demokratie zu einem bestenfalls performativen System, das nicht länger Träger der authentischen Volkssouveränität ist: »Es mag den Anschein haben, als würden die Entscheidungen von gewählten Politikern gefällt, aber das Netzwerk der Steueroasen schränkt die Fähigkeit der demokratischen Akteure ein, Entscheidungen zu fällen, die schädliche Auswirkungen auf die Finanzmärkte haben würden.«[4]

Blickt man hinter die Kulissen einer Steueroase, so kommt normalerweise ein gekaperter Staat zum Vorschein. Reiche Personen, multinationale Firmen und Finanzexperten aus dem

Ausland ziehen nicht nur unverhältnismäßig großen Nutzen aus der wirtschaftlichen Aktivität des Landes, sondern üben auch unangemessenen Einfluss auf sein politisches System aus. Zahlreiche Studien haben gezeigt, wie Offshore-Zentren *anderen* Ländern schaden, indem sie deren Steuereinnahmen verringern und deren Demokratie untergraben. Hingegen hat der Schaden, den die Offshore-Finanzindustrie den Gastländern zufügt, sehr viel weniger Beachtung gefunden. Der Grund dafür ist, dass die Einheimischen, die am meisten unter den Schäden leiden, im internationalen Diskurs kaum vorkommen.

Die Verwandlung in eine Steueroase wird normalerweise als Entwicklungsstrategie angepriesen, die armen Ländern einen wirtschaftlichen Schub gibt, aber oft bleibt das erhoffte Wirtschaftswunder eine Illusion oder ist nur von kurzer Dauer. Und das liegt nicht nur daran, dass der Wohlstand nur selten bis zur einheimischen Bevölkerung durchsickert. Der Staat wendet seine Aufmerksamkeit den im Ausland lebenden superreichen Kunden zu und stellt seine Ressourcen in deren Dienst. Das führt in vielen Steueroasen zu zunehmender wirtschaftlicher und sozialer Zerbrechlichkeit sowie zu politischer Korruption. Der britische Journalist Oliver Bullough schreibt: »Die Mächtigen kämpfen um die Kontrolle über die Geldströme, anstatt der Allgemeinheit zu dienen.«[5]

Ein Resultat des Zerfalls der staatlichen Strukturen und der Vernachlässigung des Gemeinwohls ist eine deutliche Zunahme von Kriminalität und Gewalt. Diese charakteristischen Konsequenzen des Fluchs der Finanzen traten im Verlauf meiner Recherchen in den Vordergrund, als mich meine Reisen in weit von den urbanen Zentren der Offshore-Finanzindustrie in Europa und Nordamerika entfernte Länder führten. In den eleganten Büros der Vermögensverwalter in Zürich und London sind die bedrohlichen Aspekte der Offshore-Finanzen hinter den angenehmen Umgangsformen von Gentlemen in Maßanzügen verborgen. Aber in den kleineren, oft abgelegenen Ländern, die von den Offshore-Finanzen abhängen – in den »Geheimhaltungsplantagen«, wo die ertragreichen Produkte von Verschwiegenheit und Straflosigkeit tatsächlich angepflanzt werden –, ist der Anstrich der Förmlichkeit sehr viel dünner. Dort kann man auf feine Manieren verzichten, weil die vermögenden internationalen Klienten nur selten zu Besuch kommen. Und dort begegnete ich der Feindseligkeit und den Drohungen, denen zum Beispiel jene Einheimischen ausgesetzt sind, die ihre Stimme gegen das Offshore-System erheben.

Rückblickend kann es kaum überraschen, dass einige von denen, die in der Offshore-Finanzindustrie arbeiten, selbst auch ein wenig von der Gesetzlosigkeit genießen möchten, die sie ihrer elitären Klientel anbieten. Dieses Streben nach Straflosigkeit – eine politische Kraft, die bedenklich unterschätzt wird – kommt in unterschiedlichsten Verhaltensweisen zum Vorschein, die vom Missbrauch des Gesetzes, um Personen einzuschüchtern, die Nachforschungen über Steueroasen anstellen, bis zu körperlicher Gewalt und anderen Formen von Kriminalität reichen. Natürlich ist dieses Phänomen nicht nur in Steueroasen zu beobachten. Wenn die mächtigsten Mitglieder einer Gesellschaft offen zur Schau stellen, dass die Gesetze für sie nicht gelten, wird die Straflosigkeit zu einem Statussymbol für ihre Gefolgsleute, deren nachahmende Missachtung des Gesetzes unterschiedliche destruktive Formen annehmen kann.[6] Kriminalität gibt es überall, aber in den Steueroasen haben manche Einwohner den Eindruck, dass *die Offshore-Finanzindustrie zu einer deutlichen Zunahme von Verbrechen geführt hat.*

Whistleblower und Journalisten – insbesondere Frauen – haben für die Untersuchung dieser Branche und ihrer Verbindungen zu den Mächtigen einen sehr viel höheren Preis als ich bezahlt. Eine ehemalige Vermögensverwalterin aus den Bahamas, die zur Whistleblowerin wurde, gestand einem Reporter, sie könne nie mehr in ihre Heimat zurückkehren, da sie »das Gesetz des Schweigens in den Privatbanken« gebrochen habe. Sie sagte: »Ich möchte nicht in Schuhe aus Beton gesteckt werden.«[7] Vielleicht, um angehende Whistleblower abzuschrecken, oder einfach, um Klienten zu beruhigen, die Böses im Schilde führen könnten, pflegen einige Privatbanken, Anwaltskanzleien und Finanzexperten in Steueroasen hinter der Fassade des elitären Service ein Image der Gnadenlosigkeit und deuten manchmal sogar Gewaltbereitschaft an. Beispielsweise bezeichnet sich die angesehene Firma Harry B. Sands, Lobosky & Company auf den Bahamas als »unerbittlich«, »beeindruckend« und »von den Gegnern gefürchtet«. Der Gründer der Firma wird als »Meisterschütze« und als »eiserne Faust im Samthandschuh« beschrieben. Man sollte meinen, solche Beschreibungen gehörten eher in einen Mafiafilm als in eine Firma, die Finanzdienstleistungen anbietet.[8]

Der Schweizer Whistleblower und frühere Banker Rudolf Elmer sprach die implizite Verbindung offen an und verglich die Offshore-Finanzbranche mit der Mafia.[9] Elmer, der bei der Züricher Privatbank Julius Bär als Verantwortlicher für die Prüfung der internen Abläufe auf den Cayman Islands stationiert gewesen war, erklärte, er habe jahrelang versucht, der Schweizer Justiz und den Medien die Augen für die von ihm beobachtete Steuerhinterziehung und andere Verstöße in den Offshore-Zentren zu öffnen. »Es schadet unserer Gesellschaft«, erklärte Elmer im Jahr 2011 in einer Pressekonferenz. »Ich wollte, dass die Öffentlichkeit weiß, was ich weiß.« Im Jahr 2008 spielte er WikiLeaks belastende Bankdokumente zu. Elmer behauptet, daraufhin hätten zwielichtige Gestalten im Auftrag von Julius Bär jahrelang ihm, seiner Frau und seinem kleinen Kind nachgestellt und die Familie belästigt. Einmal erhielt er eine E-Mail, die später zu einem öffentlichen Internetzugang in der Nähe seines Wohnorts zurückverfolgt wurde. Darin hieß es: »Wir sind hier. Ihre Tochter wird getötet, wenn Sie nicht aufhören.«[10] Die Bank bestreitet jede Beteiligung an derartigen Vorgängen, räumt jedoch ein, mehr als eine Millionen Schweizer Franken in die Überwachung von Elmers Aktivitäten investiert zu haben.[11]

Die Journalistin Daphne Caruana Galizia bezahlte Reportagen über kriminelle Aktivitäten in den Offshore-Finanzen in ihrem Heimatland Malta mit ihrem Leben. Sie stellte Untersuchungen über maltesische Beamte an, deren Namen in den *Panama Papers* aufgetaucht waren. Die Informationen deuteten darauf hin, dass sich sowohl der damalige Ministerpräsident als auch seine politischen Widersacher an Geldwäsche beteiligten. Sie hatten Schmiergelder kassiert und in anderen Steueroasen auf Geheimkonten versteckt. Malta war lange als Stützpunkt von Schmugglern und Piraten berüchtigt, aber die Wandlung der Insel zum Offshore-Zentrum vertiefte die Gesetzlosigkeit weiter. Ein maltesischer Politiker und Journalist erklärt, die Kriminalität auf der Insel werde nicht nur vom Staat geduldet, sondern mittlerweile auch »vom Staat begangen«.[12]

Caruana Galizia wurde im Oktober 2017 mit einer Autobombe ermordet. Wenige Minuten vorher hatte sie in ihrem Blog geschrieben, es gebe mittlerweile »Gauner, wo man hinschaut. Die Lage ist verzweifelt.«[13] Als sich herausstellte, dass zwei seiner Mitarbeiter in den Mordanschlag verwickelt waren, trat der Ministerpräsident zurück.[14] Ältere Malteser zeigten sich in Interviews nach der Ermordung Caruana Galizias schockiert darüber, was aus ihrem Land geworden war. Ein Rentner erklärte gegenüber dem *Economist*: »Man erwartet, dass solche Dinge *da drüben* passieren« – er deutete auf das etwa 90 Kilometer entfernte Sizilien, das am Horizont zu sehen war –, »aber nicht hier.«[15]

Ich habe im Laufe der Jahre Nachforschungen zu verschiedensten Themen angestellt. Nur meine Recherchen zum Offshore-Finanzsystem haben mir juristische und physische Drohungen eingebracht. Bei keiner anderen Arbeit einschließlich meiner Tätigkeit für Associated Press und *Newsweek* in jungen Jahren geriet ich jemals in die geringste Gefahr, obwohl ich oft potenziell gefährliche Personen wie Mitglieder des Ku-Klux-Klan und betrunkene Fans in Sportsbars interviewte.

Aber als ich in die »Niederungen« der Offshore-Finanzen hinabstieg, wurde mir klar, wie riskant es ist, die verbreitete Gesetzlosigkeit und die Korruption zu untersuchen, die mit dem Fluch der Finanzen einhergehen. Besonders schockiert war ich von der Passivität und manchmal aktiven Komplizenschaft staatlicher Stellen. Anders als korrupte Staatsdiener, denen man andernorts begegnen kann, besteht die scheinbar widersprüchliche Aufgabe von Beamten in Steueroasen darin, das internationale Ansehen ihres Landes um jeden Preis zu verteidigen (um ausländische Investoren und Einleger anzulocken), gleichzeitig jedoch viele Formen von Gesetzlosigkeit zu praktizieren. Polizisten und Politiker, mit denen ich sprach, gingen ihrer Arbeit in der Praxis mit einer gleichermaßen hilflosen und zynischen Einstellung nach: »Was soll man machen, Chinatown wird sich nie ändern.« Ihr Rückzug aus dem Konflikt erzeugte ein Machtvakuum, in dem sich rasch Kriminelle und kleine Tyrannen breitmachten.

So kam es, dass ich während eines Aufenthalts auf Mauritius in einer mondlosen Nacht auf einer von Zuckerrohrfeldern gesäumten Straße kurz darüber nachdachte, aus einem fahrenden Taxi zu springen. Ich war für Recherchen auf die Insel im Indischen Ozean gekommen und nach einem Interview mit einem Vermögensverwalter auf dem Rückweg zu meinem Hotel. Nachdem er mir von der zunehmenden Kriminalität erzählt hatte, stellte mir der Vermögensverwalter einen Regierungsbeamten zur Seite, der auf der halbstündigen Fahrt zum Hotel meine Sicherheit gewährleisten sollte. Das überraschte mich, aber es schien mir eine wohlmeinende Geste zu sein.

Nachdem der Fahrer kurz mit mir über das Wetter geplauderte hatte, wies er mich darauf hin, dass auf den Tag genau vor einem Jahr eine irische Touristin auf der Insel ermordet worden war. Sie hatte ihre Flitterwochen auf Mauritius verbracht und war im selben Hotel, in dem ich wohnte, von einem Einbrecher getötet worden, den sie in ihrem Zimmer auf frischer Tat ertappt hatte. Die Geschichte war mir neu. Während ich versuchte, sie zu verdauen, wechselte der Fahrer das Thema und fragte mich, weshalb *ich* denn auf Mauritius sei. Als ich antwortete, dass ich die Offshore-Finanzindustrie untersuchte, drehte er sich zu mir um und sagte mit einem breiten Grinsen: »Die Regierung will Sie nicht hier haben. Sie wird Ihnen nicht helfen.« Der Kommentar kam so überraschend, dass ich verwirrt schwieg. Besonders seltsam schien mir, dass mein Begleiter kein Wort sagte, sondern den Taxifahrer ansah und lachte. Die beiden schienen einander zu kennen.

Wenige Minuten später fuhren wir auf einer unbeleuchteten zweispurigen Straße durch Zuckerrohrfelder. Es waren weder Autos noch irgendwelche Gebäude oder Lichter zu sehen. Der Taxifahrer legte seine Hand auf meinen Oberschenkel und drückte ihn kräftig. (Ich saß auf dem Beifahrersitz, wo ich mehr Beinfreiheit hatte – ich bin fast 1,80 Meter groß.) Im nächsten Augenblick legte mein Begleiter eine Hand auf meine Schulter und begann, mit dem Träger meines BHs zu spielen. Ich fiel in Schockstarre. Dann riss ich mich zusammen und begann zu überlegen, ob meine Überlebenschance größer sein würde, wenn ich mich auf einen Kampf mit zwei Männern einließ oder den Sprung auf den Asphalt wagte. Die beiden Männer unterhielten sich vergnügt, so gelassen und selbstsicher, als würden sie an einem Marktstand Früchte begutachten.

Als besonders bedrohlich empfand ich ihre sorglose Unverfrorenheit – als wäre es vollkommen undenkbar, dass jemand sie für ihr Verhalten zur Rechenschaft ziehen würde. Meine Gedanken kehrten zu den Dingen zurück, die ich in Vorbereitung meines Besuchs über die Insel gelesen hatte: Der Rechtsstaat war aus den Fugen geraten, der frühere Finanzminister war wegen Bestechung verhaftet worden, auf den Straßen marschierten Tausende gegen die ausufernde Korruption. Das waren keine idealen Bedingungen für die Suche nach Gerechtigkeit, vor allem nicht für eine lästige Ausländerin, die unangenehme Fragen zur wichtigsten Grundlage der Wirtschaft von Mauritius stellte.[16] In diesem Licht betrachtet mussten die beiden Männer kaum eine Strafe fürchten, wenn sie ein »bisschen Spaß« mit mir hatten. Gut möglich, dass die Behörden angesichts der negativen Schlagzeilen, die Mauritius infolge meiner Recherchen drohten, zu dem Ergebnis gelangen würden, ich hätte es mir »selbst zuzuschreiben«. Tatsächlich wies das amerikanische Außenministerium kurze Zeit später auf Menschenrechtsverstöße in dem Inselstaat hin: Regierungsvertreter setzten die Polizei ein, um ausländische Journalisten, die Finanzkriminalität untersuchten, zu belästigen und gesetzwidrig einzusperren.[17] Neugierige Außenstehende konnten diesem Land beträchtlichen Schaden zufügen.

Ich werde nie erfahren, was mir in jener Nacht bevorstand, denn ein Glücksfall befreite mich aus der Situation: Plötzlich tauchten vor uns auf der ansonsten finsteren, menschenleeren Straße Lichter auf. Es hatte sich ein Unfall ereignet, und einige Autos hatten angehalten. Plötzlich waren wir von Menschen umgeben, die in ihren Autos saßen oder am Straßenrand standen. Eine Frau warf einen Blick in das Taxi und begann zu schreien. Der Fahrer gab Gas, aber sie lief dem Wagen hinterher und schaffte es, auf die Heckscheibe zu schlagen. Zu meiner Überraschung zog der Beamte augenblicklich seine Hand zurück und sackte auf der Rückbank in sich zusammen, während der Fahrer lachend ausrief: »To transank! To transank!« Später erfuhr ich, was diese kreolischen Worte bedeuteten: »Deine Freundin!« Offenbar hatte der Mann vor seiner Lebensgefährtin sehr viel größere Angst als vor der Polizei. Jedenfalls rührten mich die beiden Männer während der restlichen Fahrt nicht mehr an. Zu meiner Erleichterung sah ich während meines restlichen Aufenthalts auf der Insel keinen von beiden wieder.

Mauritius ist in mehrerlei Hinsicht ein Anschauungsbeispiel für den Fluch der Finanzen: Dieses agrarisch geprägte Land, das nach der Unabhängigkeit von Großbritannien im Jahr 1968 in wirtschaftliche Turbulenzen geraten war, öffnete sich in den neunziger Jahren für die Finanzdienstleistungen und verwandelte sich rasch von einem der ärmsten in eines der reichsten Länder Afrikas.[18] Der Anteil des neuen Reichtums, der aus zwielichtigen oder reinweg illegalen Quellen stammte, war so groß, dass es Mauritius drei Jahre nach meinen Recherchen auf die EU-Liste der 30 anrüchigsten Offshore-Zentren geschafft hatte. Oxfam zählte die Insel zu den 15 destruktivsten Steueroasen. Der Grund war, dass Mauritius nicht mit anderen Ländern zusammenarbeitete, um die Finanzkriminalität zu bekämpfen. Kurze Zeit später stellte sich heraus, dass mehrere Minister die Finanzdienstleistungen der Insel für Einnahmen aus dem Drogenhandel geöffnet hatten, was der Finanzindustrie einen Schub gab und viel Geld in die Taschen der Politiker spülte. Nachdem die Veröffentlichung der *Paradise Papers* gezeigt hatte, dass eine einzige Anwaltskanzlei auf Mauritius eine halbe Million geheimer Unternehmen gegründet hatte, erklärte ein Zuckerrohrpflanzer in dritter Generation gegenüber dem International Consortium of Investigative Journalists, die Regierung von Mauritius habe sich von den einheimischen Arbeitskräften abgewandt, um sich der Finanzindustrie zuzuwenden.[19] Und der Staat hatte sich vom Gesetz abgewandt.

Etwa anderthalb Jahre später sah ich auf der anderen Seite des Erdballs, auf den Britischen Jungferninseln, eine weitere Auswirkung des Fluchs der Finanzen. Das Land war von Vermögensverwaltern, die seine junge Demokratie den internationalen Privatvermögen untergeordnet hatten, in ein Beispiel für das »Paradox des Überflusses« verwandelt worden. Der innovative und oft kopierte International Business Companies Act von 1984 war vom Parlament des Archipels ohne jegliche öffentliche Debatte und ohne Einbeziehung der heimischen Wähler durchgewinkt worden. Innerhalb eines Jahres wurde das Land von ausländischem Geld überschwemmt, das durch die Registrierung auf den Jungferninseln ausländischen Steuern und Vorschriften entzogen werden konnte.[20] Auf den Inseln landeten derart viele »Geschäftsleute«, die mit Geldscheinen gefüllte Koffer bei sich trugen, dass sich Banken beklagten, ihre Geldzählmaschinen gäben infolge der übermäßigen Nutzung den Geist auf.[21]

Aber der Großteil der Bevölkerung hat von dem Reichtum, der von den 400 000 auf den Jungferninseln registrierten Unternehmen geschöpft wurde, und deren Vermögen von 1,5 Billionen Dollar kaum profitiert. Seit die Unternehmen- und Einkommensteuern im Jahr 2004 abgeschafft wurden, um das Land noch attraktiver für ausländisches Kapital zu machen, tragen die Einheimischen den Großteil der Steuerlast. Sie müssen 8 Prozent Lohnsteuern und 4 Prozent Sozialversicherungsbeiträge leisten. Zum Vergleich: Die Amerikaner müssen nur 7,65 Prozent ihres Einkommens für Lohnsteuer und Sozialversicherung aufwenden. Das bedeutet, dass die Erwerbstätigen auf den Britischen Jungferninseln eine regressive Abgabenlast zu tragen haben, die mehr als 50 Prozent höher ist als die von Arbeitskräften in den Vereinigten Staaten.

Dazu kommt, dass die Inseln tief in der Korruption versunken sind. Im Jahr 2021 untersuchte eine unabhängige Kommission unter der Leitung eines pensionierten britischen Richters Vorwürfe, Politiker und Regierungsbeamte seien nicht nur in Drogengeschäfte und andere Finanzkriminalität verwickelt, sondern beteiligten sich auch an Einschüchterungskampagnen gegen Journalisten und führende Vertreter zivilgesellschaftlicher Organisationen, die illegale Aktivitäten untersuchten.[22] Es war eine ganz ähnliche Geschichte wie in Mauritius. Im Abschlussbericht der Untersuchungskommission hieß es, auf den Britischen Jungferninseln würden »die Grundsätze von guter Regierung ignoriert, darunter Offenheit, Transparenz und sogar Rechtsstaatlichkeit«.[23] Ein Jahr nach der Veröffentlichung des Untersuchungsberichts wurde bekannt, dass sich Ministerpräsident Andrew Fahie die Taschen mit Kokainschmuggel und Geldwäsche gefüllt hatte.[24]

Diese Tatsachen waren noch nicht bekannt, als ich im August 2013 die Hauptstadt Road Town besuchte, um eine Gruppe von Vermögensverwaltern zu interviewen. Daher war ich fassungslos, als mich mein erster Gesprächspartner – ein etwa sechzigjähriger Engländer – mit verschränkten Armen, einem feindseligen Blick und der Drohung einer Ausweisung empfing. Das war eine neue Erfahrung: Offshore-Finanzexperten, die wie dieser Mann empfanden, lehnten eine Interviewanfrage normalerweise einfach ab, und jenen, die sich zu einem Gespräch bereit erklärten, ging es eher darum, die Dinge in ein positives Licht zu rücken.

Doch dieser Mann beschuldigte mich, eine Art von »Gedankenverbrechen« gegen seinen Beruf zu begehen. Er erklärte, bei einer Internetrecherche festgestellt zu haben, dass ich »linksgerichtet« sei und grundsätzlich ablehne, was die Vermögensverwalter und vermögende Personen täten. Ich war verblüfft und fragte ihn, wie er darauf komme. Wie sich herausstellte, hatte seine Internetsuche den einzigen Artikel zutage gefördert hatte, den ich bis dahin zu diesem Thema veröffentlicht hatte und der in einer Fachzeitschrift mit eher geringer Leserschaft erschienen war. Was bemängelte er? Der Untertitel des Artikels enthielt das Wort »Ungleichheit«.[25]

In meinen Augen war es eine unbestreitbare Tatsache, dass die Offshore-Finanzen den Reichen dabei helfen, noch reicher zu werden. In meinem Artikel hatte ich diese Erkenntnis mit einer Vielzahl wirtschaftlicher Daten belegt. Aber dieser Mann erhob keine Einwände gegen die Belege, sondern sah im Wort »Ungleichheit« an sich einen Kampfbegriff. Er sprach etwas nebulös über die Wut der Angehörigen seines Berufsstandes, von denen ich einige in den folgenden Tagen treffen würde. Die unausgesprochene Botschaft schien zu lauten, dass seine Kollegen ihre Interviews mit mir möglicherweise absagen würden, sollte ich weiter seinen Unmut wecken. Anstatt mich auf eine Diskussion einzulassen, versuchte ich, seine Aufmerksamkeit auf meine Fragen zu seiner Berufslaufbahn zu lenken. Er antwortete ruhig und gefasst, überraschte mich dann jedoch mit einem erneuten Wutanfall und beendete das Gespräch mit einer Tirade darüber, dass Fachleute wie er »als unmoralisch verteufelt« würden. Ein Kollege habe zu ihm gesagt, ich sollte aufgrund meiner »Agenda« aus dem Land geworfen werden.

Das Ende des Interviews war so bizarr, dass mir der Gedanke durch den Kopf schoss, der Mann leide möglicherweise unter psychischem Stress und habe sich für einen Augenblick von der Realität abgekoppelt. Über eine Ausweisung entscheiden schließlich nicht Buchhalter und Bankiers, sondern die zuständigen Regierungsstellen. Ich war versucht, Genaueres über den Plan in Erfahrung zu bringen, mich des Landes zu verweisen, nahm angesichts seiner Feindseligkeit und seiner erregten Körpersprache jedoch Abstand davon. Ich hatte den Eindruck, dass mich hier jemand, der nach einem Vorwand für eine Aggression suchte, dazu verleiten wollte, alarmiert oder defensiv zu reagieren. Also tat ich, was viele Frauen in einer Konfrontation mit Männern tun, die irrationale Wut zeigen und einen Kampf provozieren wollen: Ich lächelte und nickte, unterdrückte meine Emotionen und verabschiedete mich rasch. Zurück im Hotel, ließ ich mich zitternd an der Bar nieder und bestellte einen hochprozentigen Drink.

Als ich mein Glas zur Hälfte geleert hatte, hatte ich mich so weit beruhigt, dass ich mir folgende Frage stellen konnte: War tatsächlich schon einmal jemand aus einem Land ausgewiesen worden, weil Vermögensverwalter sich über ihn beklagt hatten? Eine kurze Google-Suche förderte die Geschichte von Leah

McGrath Goodman zutage, einer früheren *Newsweek*-Journalistin, die von den Behörden der Steueroase Jersey des Landes verwiesen worden war, nachdem sie dort illegale Aktivitäten untersucht hatte. Obendrein war sie am Flughafen Heathrow stundenlang von britischen Einwanderungsbeamten verhört worden. Da die Kanalinseln genauso wie die Isle of Man und Irland Teil der britischen Common Travel Area sind, hatte der Grenzschutz die Befugnis, Goodman an der Einreise in den gesamten Raum zu hindern. Die Briten verhängten ein zweijähriges Einreiseverbot über die Journalistin. Es war jedoch unklar, welcher Verstoß ihr vorgeworfen wurde, denn Goodman beschäftigte sich überhaupt nicht mit Finanzkriminalität. Sie hatte den Vorwurf des sexuellen Missbrauchs in einem Kinderheim auf der Insel untersucht. Die britischen Medien gaben diesem Heim, dem Haut de la Garenne, später die Bezeichnung »Haus des Schreckens«.[26]

Wie sich herausstellte, hatten Finanzexperten auf Jersey jahrelang versucht, eine Offenlegung der Zustände in Haut de la Garenne zu verhindern. Anscheinend waren sie besorgt, die negative Publicity könne dem Ruf der Insel als eines ruhigen, respektablen Orts schaden, an dem Angehörige der internationalen Elite unbesorgt ihr Vermögen aufbewahren konnten. Dieser Ruf war bereits angekratzt: Journalisten hatten begonnen, über die schädlichen Auswirkungen der Offshore-Finanzen auf Wirtschaft, Regierung und Gesellschaft der Insel zu berichten.[27] Einst als »Wunder des Überflusses« und Rollenmodell für andere Steueroasen gefeiert, war Jersey mittlerweile ein Lehrbeispiel für die Folgen des Fluchs der Finanzen. Doch anders als Goodman waren die meisten Journalisten, die diese Vorgänge untersuchten, britische Staatsbürger, die nicht an der Grenze schikaniert werden konnten.

Dennoch gaben sich die Finanzdienstleister auf der Insel große Mühe, die Untersuchung des »Schreckenshauses« zu unterdrücken. Der Polizeichef von Jersey behauptete, im Jahr 2008 auf Drängen der Vermögensverwalter suspendiert worden zu sein, weil er die Vorwürfe des Kindesmissbrauchs untersucht habe; gegenüber Journalisten erklärte er, die Untersuchung habe die eifersüchtig gehütete »Verschwiegenheitskultur« der Insel bedroht.[28] Auch der ehemalige Gesundheitsminister erklärte seine Entlassung damit, dass er die Missbrauchsermittlungen vorangetrieben hatte. Im Jahr 2009 floh er nach London und bat dort um politisches Asyl (das ihm gewährt wurde).[29] Als Goodman im Jahr 2011 auf der Insel landete, hatte die Finanzelite ihren Einfluss auf den Grenzschutz in Großbritannien ausgeweitet; anscheinend erhielt sie Unterstützung gleichgesinnter Finanzdienstleister in London, die ihre Interessen auf der Insel zu schützen versuchten. Es bedurfte einer Intervention des britischen Parlaments, um Goodmans Einreiserecht wiederherzustellen.[30]

Diese ernüchternde Lektüre machte mir klar, dass die Drohung des Bankers durchaus glaubhaft war und dass meine Erfahrung in Mauritius keine einmalige Unannehmlichkeit gewesen war. Beide Vorfälle erschienen nun in einem neuen Licht und wirkten wie flüchtige Begegnungen mit etwas Systemischem und Besorgniserregendem. Natürlich wollte ich mehr darüber in Erfahrung bringen.

Nur zwei Jahre später bekam ich den Fluch der Finanzen ein weiteres Mal am eigenen Leib zu spüren. Der Schauplatz war diesmal Pae Moana auf Rarotonga, der größten der Cookinseln. Der idyllische Archipel im Südpazifik ist für einen einzigartigen Beitrag zu den Offshore-Finanzen berühmt: den undurchdringlichen Asset Protection Trust. In dem Urlaubsressort Pae Moana drang ein Einbrecher in das Zimmer ein, in dem ich mit meinem kleinen Sohn schlief. Der Eindringling kam mir so nah, dass mich sein schwerer Atem aufweckte. Als ich aus dem Bett sprang, ergriff er die Flucht und nahm mein Smartphone mit, das meine einzige Verbindung zur Außenwelt darstellte. Wir erlitten keinen körperlichen Schaden, aber ich träumte einige Jahre von dem Zwischenfall. Der Polizist, der die Anzeige aufnahm, sagte uns, solche Vergehen seien vor allem auf der Hauptinsel nicht selten. Dort haben die Vermögensverwalter ihre Büros.

Ich versuchte verzweifelt, Plätze im nächsten Flug nach Hause zu buchen, aber es war unmöglich: Die wenigen Flüge in die Vereinigten Staaten waren für die folgenden Tage ausgebucht. Wir hätten nach Neuseeland fliegen können, aber das hätte bedeutet, einige Tausend Kilometer in die falsche Richtung zu fliegen, und mein Budget war knapp bemessen. Es fiel mir schwer, Anrufe zu machen, nicht nur, weil mein Handy fort war, sondern auch, weil das Telekommunikationsnetz auf der Insel nicht flächendeckend ausgebaut war. Sogar in der Hauptstadt Avarua konnte man ohne Telefonkarte eines der örtlichen Anbieter unmöglich eine Internetverbindung herstellen oder ein Auslandsgespräch führen (und die Büros dieser Anbieter waren nur wenige Stunden am Tag geöffnet). Die andere Möglichkeit war ein Gastzugang in einer der großen Hotelanlagen. Wir waren Gefangene der extremen Abgeschiedenheit, die aus den Cookinseln eine so begehrte Steueroase machte.

Nachdem ich die Bemühungen um einen Flug aufgegeben hatte, brach ich mit meinem Sohn zu einem Spaziergang auf. Wir landeten in einem kleinen Hafen, wo ein Fischer gerade eine große Goldmakrele ausnahm. Ich blieb stehen und bewunderte die schimmernde grüne Haut und die massive Stirn dieses herrlichen, sonderbaren Fischs. Offenbar sah man mir an, dass ich benommen und traumatisiert war, denn der Fischer hob den Blick und fragte mich, ob etwas nicht in Ordnung sei. Als ich ihm meine Erfahrung schilderte, lachte er bitter: Er bekam solche Geschichten oft zu hören und erklärte, die Kriminalität auf der Insel habe deutlich zugenommen, seit die Finanzindustrie so mächtig geworden sei. Dem Anschein nach habe das Geschäft mit der Umgehung des Gesetzes die Gesellschaft angesteckt. Sogar Lebensbereiche, die nichts mit den Finanzen zu tun hätten, seien betroffen. »Wir werden jetzt nur noch die *Crook* Islands [Gaunerinseln] genannt«, sagte er. Die Finanzindustrie habe alles von der traditionellen Gastfreundschaft der heimischen Bevölkerung bis zu den demokratischen Institutionen zerfressen. Er erwähnte einen Fall von politischer Korruption, der kurz zuvor einen Skandal ausgelöst hatte, und sagte: »Diese Leute haben unsere Regierung in der Tasche. Es ist furchtbar, was sie aus unserem Land gemacht haben.«[31]

Bedeutsam an dieser Geschichte ist nicht, dass es auf den Cookinseln Kriminalität oder Korruption gibt, sondern vielmehr, dass ein Mensch, der sein ganzes Leben dort verbracht hat, einen sowohl qualitativen als auch quantitativen Wandel zum Schlechteren beobachtet hat und darauf zurückführt, dass das Land Teil des Offshore-Finanzsystems geworden ist. Ihre Abgelegenheit hat Orte wie die Cookinseln zu besonders ertragreichen »Geheimhaltungsplantagen« gemacht, die nur selten Besuch von ausländischen Steuerfahndern bekommen. An diesen Orten ist es nicht nötig, den Anschein von Gesetzestreue und Seriosität zu wahren, der in Zürich, London und New York zum guten Ton gehört. In den abgelegenen Steuerparadiesen, wo die wichtigste Arbeit im Offshore-System gemacht wird, hat sich eine gewisse Missachtung für die lästigen Details von

»Recht und Ordnung« durchgesetzt, eine Haltung, die von der wohlwollenden Nachlässigkeit der örtlichen Behörden begünstigt wird. Anscheinend zählt nur noch eins: Die Finanzdienstleistungsbranche und ihre Klienten müssen zufriedengestellt werden.

Die Erfahrung auf den Cookinseln führte mir vor Augen, wie wichtig die Geographie trotz der großen Mobilität von Menschen und Kapital nach wie vor ist. Seine Abgeschiedenheit verleiht diesem winzigen Land gewaltige Macht: Es kann die Wünsche sehr viel größerer und reicherer Länder missachten und ihnen die Stirn bieten. Panama, eine ehemalige Kolonie Spaniens und später der Vereinigten Staaten, bedient sich einer ähnlichen Strategie wie die Cookinseln, und die Resultate für die Finanzindustrie des Landes sind ähnlich. Panama ist kein von der übrigen Welt abgeschotteter Ort, aber es ist klein: Dieser schmale Landstreifen bedeckt eine Fläche, die nur etwas größer ist als die Bayerns. Aber da es am Panamakanal liegt, einer geographischen Engstelle in der Weltwirtschaft, widersetzt sich das Land seit Jahrzehnten erfolgreich internationalen Forderungen, seine Aktivitäten in den Offshore-Finanzen einzuschränken. Ein dort ansässiger Vermögensverwalter erklärte mir:

> Die OECD droht, Länder, die keine Steuerinformationen austauschen, auf eine schwarze Liste zu setzen, aber [...] Panama hat ein Druckmittel in der Hand. Ein Gesetz über Vergeltungsmaßnahmen erlaubt es dem Land, seine wirtschaftliche Machtposition zu nutzen, um sich gegen Angriffe zu wehren. In der Praxis bedeutet das, den Kanal zu sperren. Das ist besonders wichtig in der Beziehung zu den Vereinigten Staaten, die Panama seit mehr als einem Jahrhundert wie einen kleinen Bruder

behandeln. Panama kann Zwangsmaßnahmen der OECD und der USA eine glaubwürdige Drohung entgegensetzen: Wenn es möchte, kann es die Wirtschaft der US-Ostküste lahmlegen.

Mit dieser Interpretation von Panamas Beteiligung am Offshore-Finanzsystem als Form des postkolonialen Widerstandes wird jeder Versuch der Staatengemeinschaft, Regelungen zur Eindämmung der Steuerflucht durchzusetzen, als »Wirtschaftsimperialismus« dargestellt.[32] Dieser Denkweise bin ich auf meinen Reisen durch die Offshore-Welt wiederholt begegnet. Forscher wie der Politikwissenschaftler Jason Sharman haben ganze Bücher darüber geschrieben. Tatsächlich hat die Offshore-Finanzindustrie frühere Kolonien in die Lage versetzt, den Spieß umzudrehen und die kolonialen Mutterländer auszubeuten, indem sie diesen Vermögen entziehen und ihre Rechtssysteme untergraben. Aber was eine Geschichte von der »Rache der Kolonisierten« hätte sein können, hat nicht unbedingt einen glücklichen Schluss: Am Ende verkaufen die früheren Kolonien Straflosigkeit an globale Eliten und bürden die gesellschaftlichen Kosten ihrer eigenen Bevölkerung auf.

Die Veröffentlichung der *Panama Papers* im Jahr 2016 fand vor dem Hintergrund dieser postkolonialen Geschichte statt. Als vertrauliche Kundendaten der in Panama-Stadt ansässigen Vermögensverwaltungsfirma und Anwaltskanzlei Mossack Fonseca aus vier Jahrzehnten auftauchten, konzentrierten sich die Medien auf den verschwenderischen Lebensstil der Reichen und Berühmten: Prominente, Staats- und Regierungschefs und Unternehmensleiter hatten Panama genutzt, um von den Segnungen der Gesellschaft zu profitieren, ohne sich an den Kosten zu beteiligen. Die Auswirkungen der Offshore-Finanzen auf Panama selbst fanden kaum Beachtung.

Als ich im Jahr 2013 Nachforschungen in Panama anstellte, erklärte mir ein einheimischer Vermögensverwalter in einem Interview, er rufe seinen milliardenschweren Klienten stets in Erinnerung, dass keine drei Kilometer von seinem Büro entfernt Menschen in Pappschachteln unter Brücken hausten. Und er lege seinen Klienten nahe, etwas gegen diese Armut zu tun. »Das gefällt ihnen nicht, aber bisher haben sie mich nicht gefeuert«, sagte er grinsend. Bei meinen Fahrten durch Panama-Stadt bekam ich etwas von der furchtbaren Armut zu sehen, die er beschrieben hatte. Der Kontrast zwischen den schimmernden Bürotürmen im Geschäftsviertel und dem Elend von Armenvierteln wie El Chorrillo am anderen Ende der Stadt war überwältigend. Viele Einwohner Panamas erklärten, sie hätten Angst davor, durch El Churrillo zu fahren.[33]

Nirgendwo anders auf der Welt sind die Vermögen so ungleich verteilt wie in Lateinamerika, und Panama zählt zu den Ländern mit der größten Ungleichheit auf dem Kontinent (nur Brasilien liegt noch davor). Die Wirtschaft des Landes wächst seit der Jahrtausendwende unablässig, aber gleichzeitig ist die Armutsquote auf über 20 Prozent gestiegen.[34] Die Finanzdienstleistungen für Ausländer tragen nicht weniger als 7 Prozent zum Bruttoinlandsprodukt Panamas bei, und dazu kommen Milliardeneinnahmen dank des Güterverkehrs durch den Kanal.[35] Aber die Weltbank schätzt, dass 25 Prozent der Einwohner Panamas keinen Zugang zu grundlegenden sanitären Einrichtungen haben und dass 11 Prozent unter Mangelernährung leiden.[36] Die indigene Bevölkerung, die fast 13 Prozent der Einwohner Panamas stellt, wird fast überhaupt nicht an den Erträgen aus dem Offshore-Geschäft beteiligt; die meisten dieser Menschen haben immer noch keinen Zugang zu sauberem Trinkwasser oder medizinischer Versorgung.[37]

Roberto Eisenmann, der Gründer der Tageszeitung *La Prensa*, beschreibt die Situation so: »Panama besteht immer noch aus zwei Ländern – aus einem Land der Ersten Welt, das sich rasant entwickelt, und eine halbe Stunde entfernt einem Land der Vierten Welt.«[38] Die Reichen, die von der Offshore-Finanzindustrie profitieren, sind fast ausnahmslos Ausländer, seien es die Klienten der Finanzdienstleister oder die Anbieter, bei denen es sich überwiegend um ausländische Fachleute handelt.[39] Die Einheimischen leben in einer anderen Welt: Panama-Stadt nimmt, gemessen an der Zahl der Morde pro Einwohner, den achten Rang unter den gewalttätigsten Städten der Welt ein.[40] Das Land wird regelmäßig von Protestkundgebungen gegen Ungleichheit, Armut und Korruption erschüttert. Panama hat keine Armee, aber oft werden seine Grenzschutztruppen eingesetzt, um Proteste niederzuschlagen. Trotz seines Reichtums ist Panama nach wie vor von Ungleichheit, Gewalt und einer schwachen Demokratie gelähmt, die gelegentlich dem Autoritarismus zuneigt.

Aber nicht nur die früheren Kolonien leiden unter dem Fluch der Finanzen. Was in der Ferne geschieht, bleibt nie wirklich in der Ferne: Immer öfter bekommen auch die Finanzzentren in den reichsten Metropolen der Welt die Folgen des Fluchs zu spüren.

In Großbritannien, das lange Zeit als pulsierendes Herz der Offshore-Finanzen galt, findet man heute »einige der ärmsten Zonen Europas«, in denen nicht weniger als ein Fünftel der Bevölkerung in Armut lebt.[41] Gleichzeitig trägt die Hauptstadt des Landes mittlerweile den Spitznamen »Londongrad«, eine Bezeichnung, die London der Tatsache verdankt, dass es große Mengen an Geld aus den Ländern der ehemaligen Sowjetunion angelockt hat. Dieser gewaltige Reichtum hat schädliche

Auswirkungen auf das Rechtssystem, die Pressefreiheit und sogar das Wohnungsangebot in Großbritannien.[42] Die seinerzeitige britische Innenministerin Priti Patel kritisierte im Jahr 2022 in einer Parlamentsrede den übermäßigen wirtschaftlichen und politischen Einfluss russischer Oligarchen: »Putins Kumpane haben schmutziges Geld im Vereinigten Königreich versteckt und […] missbrauchen unsere offene Gesellschaft.«[43] Kurz darauf erhob sich ein konservativer Abgeordneter und las eine Liste britischer Rechtsanwälte vor, die im Auftrag russischer Oligarchen Journalisten einschüchterten und die Berichterstattung über die Kaperung der britischen Institutionen durch reiche Ausländer zu unterdrücken versuchten.[44]

Die Auswirkungen des Fluchs der Finanzen sind unübersehbar und werden von den Einheimischen gespürt. Das geht so weit, dass der Journalist Oliver Bullough, der sich eingehend mit den Offshore-Finanzen beschäftigt hat, ein Nebeneinkommen mit »Kleptokratie-Rundfahrten« verdient: Er fährt Touristen durch London und zeigt ihnen, wo die Superreichen – nicht nur Russen, sondern auch Nigerianer, Kasachen und Araber – die ehemaligen Herrenhäuser des britischen Adels übernommen haben.[45] Die meisten dieser Häuser stehen leer, weil sie nicht als Wohndomizile, sondern als Investitionen erworben wurden, um gestohlenes Geld zu waschen. Mehrere von mir interviewte britische Vermögensverwalter erklärten, ihre Klienten steckten bereitwillig zig Millionen Pfund in Häuser, die sie selten – oder nie – besuchten. Für die Käufer sind die Immobilien ein besserer Geldspeicher als Konten bei korrupten Banken in ihrer Heimat.

Gleichzeitig werden Einheimische, die tatsächlich in London arbeiten und eine Wohnung brauchen, vom Immobilienmarkt verdrängt. Dieses Problem ist in allen städtischen Ballungsgebieten Großbritanniens zu beobachten, wo sich die Zahl der Hauskäufe von Personen, die in anderen Ländern – überwiegend Steueroasen – ansässig sind, zwischen 2011 und 2021 verdoppelt hat. Das hat die Preise von Wohnimmobilien um fast 20 Prozent in die Höhe getrieben. Viele Einheimische müssen mittlerweile die Hälfte ihres Einkommens für ihre Unterkunft aufwenden.[46] Gleichzeitig sind sie mit schrumpfenden öffentlichen Diensten von immer geringerer Qualität konfrontiert, weil ausländische Käufer beim Kauf von Immobilien Briefkastenfirmen in Steueroasen nutzen und damit bei jedem Kauf Millionen Dollar an Steuern sparen können, wodurch dem britischen Staat dringend benötigte Einnahmen entgehen.[47]

Die Verdrängung und Verarmung der britischen Bevölkerung infolge der Invasion superreicher Ausländer ist Teil des von Aimé Césaire im Jahr 1950 erstmals beschriebenen »Bumerang-Effekts« des Kolonialismus. Das Land, das das Common Law hervorgebracht und zum Betriebssystem für sein Weltreich gemacht hat, muss jetzt feststellen, dass dieses und andere Werkzeuge der imperialen Machtausübung auf seinem eigenen Territorium gegen es eingesetzt werden. Nicht nur, dass die alte englische Demokratie von Oligarchen mit riesigen in Steueroasen versteckten Vermögen belagert wird, sondern die einheimische Bevölkerung muss auch unter diesem Reichtum leiden, weil »die Auflösung des britischen Wohlfahrtsstaates eng mit dem globalen System der Steuervermeidung zusammenhängt«.[48] Ein Beispiel: Während ein Teil der britischen Regierung wegschaute, als Goldman Sachs Offshore-Konten nutzte, um sich in Großbritannien mehr als 48 Millionen Dollar an Steuern zu ersparen, schloss ein anderer Teil derselben Regierung mit dem Hinweis auf notwendige Einsparungen Büchereien, Jugendzentren und andere unverzichtbare soziale Dienste.[49]

Ein ähnliches Paradox des Überflusses macht Luxemburg zu schaffen, der bevorzugten Steueroase von 120 Banken und Investmentfonds mit einem Gesamtkapital von 3,5 Billionen Dollar. Dank seines robusten Finanzsektors, der mit 31 Prozent zur Wirtschaftsleistung des Landes beiträgt und 12 Prozent seiner Einwohner Arbeit gibt, hat das Großherzogtum mit großem Vorsprung auf seine nächsten Rivalen Irland, Norwegen und die Schweiz das höchste Pro-Kopf-BIP Europas. Auf den ersten Blick hat es den Anschein, als wäre Luxemburg in beneidenswert guter Verfassung, ein reiches demokratisches Land im Herzen Europas.[50]

Aber der Ökonom Gabriel Zucman erklärt, dass Luxemburgs Rolle als führende Steueroase Ausländern auf Kosten der Einheimischen zugutekommt.[51] Fast 60 Prozent der Beschäftigten in Luxemburg sind Ausländer, die überwiegend nicht im Großherzogtum wohnen, sondern aus den Nachbarländern zur Arbeit pendeln.[52] Diese Arbeitskräfte beziehen hohe Gehälter und Zusatzleistungen und sichern sich damit einen großen Teil des Reichtums von Luxemburg: Zucman hat herausgefunden, dass nicht weniger als ein Drittel des luxemburgischen Bruttoinlandsprodukts in die Taschen von Ausländern fließt. »Diese Situation ist einmalig in der Welt und in der Geschichte: Kein unabhängiges Land, so klein und offen für internationalen Handel es auch sein mag, hat jemals einen derart hohen Anteil seines Einkommens ans Ausland abgeführt.«[53] Die Folge ist, dass die Gesellschaft sowohl wirtschaftlich als auch politisch durch den Gegensatz zwischen Auslandsbürgern und Einheimischen gespalten wird.

Wie Zucman dokumentiert, hat die Ungleichheit in Luxemburg in den letzten Jahrzehnten deutlich zugenommen. Die Armutsquote hat sich seit 1980 verdoppelt, während die Reallöhne der luxemburgischen Normalbürger mehr als 20 Jahre lang stagnierten. Die Gehälter ausländischer Vermögensverwalter sind explodiert und die Hauspreise in Luxemburg haben sich verdreifacht, aber die örtliche Wirtschaft hat nicht vom neuen Reichtum profitiert. Infolge der Steuerpolitik erleben öffentliche Einrichtungen wie das Bildungssystem einen »beschleunigten Niedergang«. Das Resultat ist Zucman zufolge, dass Luxemburg mittlerweile eigentlich kein Land mehr ist, sondern eine Freihandelszone für die Superreichen der Welt.

Dieses Muster wirft einen bedrohlichen Schatten auf alle europäischen Demokratien. Luxemburgs Mitgliedschaft in der Europäischen Union beruht darauf, dass seine Regierung die Bürger des Herzogtums vertritt. Aber indem es seine Souveränität an multinationale Konzerne verkauft hat, hat sich Luxemburg in den politischen Arm der internationalen Finanzwirtschaft verwandelt, womit diese Konzerne in der Praxis ein Mitbestimmungs- und Vetorecht in der europäischen Politik ausüben können.[54]

Welchen Nutzen das Offshore-Geschäft auch immer für ein Land haben kann, es scheint ein Pakt mit dem Teufel zu sein. Einige Länder erleben ein beeindruckendes Wirtschaftswachstum, aber wie die Fälle Panamas, Luxemburgs, Jerseys und der Britischen Jungferninseln zeigen, fließt der Reichtum, der mit Offshore-Transaktionen erworben wird, im Allgemeinen in die Taschen korrupter Politiker oder ausländischer Arbeitskräfte in der Finanzindustrie. Diese Erträge werden nicht nur an den Einheimischen vorbeigelenkt, sondern werden oft auch auf ihre Kosten erzielt, weil die Preise für Wohnung, Lebensmittel und andere grundlegende Güter steigen. Die einheimische Bevölkerung stöhnt auch unter hohen regressiven Lohn- und Konsumsteuern, mit denen die Einbußen infolge geringer Steuern auf

Kapitaleinkommen und Investitionen ausgeglichen werden sollen.[55] In vielen Fällen werden die politischen Rechte der Einheimischen beschnitten, weil sie den Interessen des transnationalen Kapitals und seiner Vertreter schaden könnten. Kritische Nachforschungen und Transparenz werden unter Androhung von Verhaftung und Ausweisung unterdrückt.

Nur einen Monat nach Veröffentlichung der *Panama Papers* riefen mehr als 300 führende Ökonomen – darunter Thomas Piketty, der Nobelpreisträger Angus Deaton und Olivier Blanchard, der ehemalige Chefvolkswirt des Internationalen Währungsfonds – in einem offenen Brief zu einer Beseitigung der Steueroasen oder zumindest zur Aufhebung der Geheimhaltung auf. »Es gibt keine wirtschaftliche Rechtfertigung für ihr Fortbestehen«, hieß es in dem Brief.[56] Es ist unwahrscheinlich, dass die Politik der Empfehlung folgen wird. Ein Grund dafür ist, dass viele der Personen, die die Gesetze ändern könnten, selbst von den Offshore-Finanzen profitieren, wie die Leaks der vergangenen Jahre gezeigt haben. Das gilt nicht nur für Politiker aus reichen Ländern, sondern auch für solche aus wirtschaftlich schwächeren Ländern, die auf die mit dem Offshore-Geschäft verbundenen Deviseneinnahmen und Transaktionsgebühren angewiesen sind. Es ist extrem schwierig, ein Land aus dem Offshore-System herauszulösen, wenn diese Industrie erst einmal eine Monokultur geworden ist, die sowohl die örtliche Volkswirtschaft als auch den Staat beherrscht. Wenn die Einnahmen aus dem Offshore-Geschäft versiegen, bleibt oft nichts übrig, auf dem man aufbauen könnte.

Eine bessere Lösung dürfte darin bestehen, den betroffenen Ländern ein alternatives Entwicklungsmodell anzubieten, das auf dem von Ländern beruht, die dem Fluch der Ressourcen entkommen sind. Norwegen, das über riesige Erdölvorkommen verfügt, hat seine starken, vertrauenswürdigen demokratischen Institutionen genutzt, um den Reichtum des Landes relativ gleichmäßig zu verteilen. Aber wie kann das in Ländern gelingen, die unter Armut leiden oder Mühe haben, nach dem Ende der Kolonialherrschaft ein funktionierendes Gemeinwesen aufzubauen?

Botswana wird oft als Erfolgsgeschichte genannt. Das kleine Land, das bis 1966 ein britisches Protektorat war, zählte lange Zeit zu den ärmsten Ländern der Welt. Aber dank der Entdeckung von Bodenschätzen wie Diamanten, Kupfer, Nickel und Kohle hat es sich rasch in ein Land mit mittlerem Einkommen verwandelt, das zugleich eine der am wenigsten korrupten staatlichen Verwaltungen hat.[57] Zu den Schlüsseln von Botswanas Erfolg zählt die wirtschaftliche Diversifizierung: Es hat sich geweigert, alle Eier in denselben Korb zu legen. So ist es ihm gelungen, sich seine finanzielle und politische Unabhängigkeit zu bewahren.[58]

Es ist unklar, inwieweit dieses Modell auf Länder angewandt werden kann, die darüber nachdenken, sich für die Offshore-Finanzen zu öffnen, oder bereits Teil des Offshore-Systems sind. Aus der Erfahrung Botswanas kann die Lehre gezogen werden, dass neue Einkommensquellen im Interesse der Allgemeinheit genutzt werden müssen, um sicherzustellen, dass ihr Einfluss auf Wirtschaft und Gesellschaft nicht nur der heimischen Elite und internationalen Anlegern, sondern dem ganzen Land zugutekommt. Aber ist das möglich, wenn die Einkommensquelle nicht wie die Diamanten von Botswana im Besitz des Landes steht und im Gegensatz zu Mineralvorkommen ausgesprochen mobil ist?

Anders als Bodenschätze hat der Reichtum, der im Offshore-System bewegt wird, seinen Ursprung nicht in einem einzelnen

Land. Eliten können ihr Vermögen leicht in andere Länder bewegen, wenn ihnen die wirtschaftlichen und politischen Bedingungen an einem Ort nicht länger vorteilhaft scheinen. Daher können sie den Gastländern ihre Konditionen diktieren. Der Ökonom Jeffrey Sachs, einer der Unterzeichner des Briefs, in dem den Steueroasen jede »wirtschaftliche Rechtfertigung« abgesprochen wurde, sieht nur eine Lösung: »Sie müssen einfach dichtgemacht werden.«[59] Vielleicht hat er recht.

Kapitel 5

# DIESSEITS DES STEUERPARADIESES

In *Der große Gatsby* versucht der Erzähler Nick Carraway, die verschlungenen Wege des Vermögensaufbaus zu ergründen, indem er Bücher kauft, die versprechen, »die schimmernden Geheimnisse aufzudecken, die nur Midas und Morgan und Mäzenas kannten«.[1] Seine Tragik ist, dass er den Reichtum und dessen Geheimnisse auf schmerzhafte Art kennenlernt: Er erhält Zutritt zur Gemeinschaft der Reichen, muss jedoch entdecken, dass ihre Welt zerstörerisch, betrügerisch und sogar kriminell sein kann. Obwohl meine Reise in die entgegengesetzte Richtung führte – ich wuchs unter den Reichen auf und begann erst später, Bücher über sie zu lesen –, gelangte ich zu einem ähnlichen Ergebnis wie Carraway. Aber anstatt von gedankenlosen Menschen zu erzählen, die dadurch Dinge zerstören, habe ich versucht, zu zeigen, wie gewissenhafte Menschen ein zerstörerisches globales System errichtet haben, das sich auf uns alle auswirkt.

Deshalb erzähle ich in diesem Buch die Geschichte des Systems, anstatt die Lebensart der Reichen und Berühmten zu beschreiben. Charles Wright Mills erklärte, die Plutokratie sei kein Problem von Personen, sondern ein Problem des Systems: »Denn die Macht haftet nicht dem einzelnen Menschen an. Reichtum liegt nicht in der Person […]. Um berühmt, reich oder mächtig zu sein, bedarf es des Zugangs zu den Großorganisationen.«[2] Als die englische Königin Elizabeth II. in den *Paradise Papers* auftauchte und führende Politiker, die sich an die Spitze von Kampagnen zur Korruptionsbekämpfung gesetzt hatten, in den *Pandora Papers* als Geldwäscher und Steuerbetrüger bloßgestellt wurden, waren nicht diese Personen das Wichtigste, sondern das System, das es ihnen ermöglicht hatte, sich den Gesetzen ihrer Länder zu entziehen. Das Offshore-Finanzsystem ist die Institution, die unvereinbar mit der Demokratie, mit dem Kapitalismus und – aufgrund des Zusammenhangs zwischen Offshore-Finanzen und lukrativen Projekten, die unsere Umwelt zerstören – sogar mit dem Überleben der Zivilisation ist.

Die Offshore-Finanzen machen nicht nur einige wenige Menschen außergewöhnlich reich und mächtig, sondern sie beeinträchtigen auch die Fähigkeit anderer Bürger, gleichberechtigt am politischen Leben teilzuhaben, und schwächen die Institutionen, die dem Gemeinwohl dienen. Sie untergraben die staatliche Machtanwendung »des Volkes durch das Volk für das Volk« und machen den Staat zum Instrument der Anhänger eines zutiefst antidemokratischen Vorhabens. Die Folgen sind weltweit zu spüren, zum Beispiel, wenn Organisationen wie die OECD oder das EU-Parlament nicht in der Lage sind, rechtliches und finanzielles Fehlverhalten in Steueroasen einzudämmen.[3] Besonders deutlich ist der Kontrast zwischen der radikalen Freiheit von Eliten und der Unterdrückung gewöhnlicher Bürger in den Steueroasen selbst.

Auf jene, die nicht der Gruppe der Superreichen angehören, wirkt dies wie ein gefährlicher Riesenschritt zurück in einen finanzialisierten Quasifeudalismus. Um zu verstehen, warum die Plutokraten, die vom Offshore-System profitieren, die Dinge möglicherweise anders sehen, lohnt es sich, uns in Erinnerung zu rufen, dass sie auf viele der öffentlichen Einrichtungen verzichten können, auf die die meisten von uns angewiesen sind. Sie schicken ihre Kinder selten in öffentliche Schulen, hängen nicht vom öffentlichen Gesundheitswesen ab und brauchen im Ruhestand keine staatliche Rente. Würden all diese in der repräsentativen Demokratie entstandenen Institutionen, die über die Generationen hinweg mit den Steuern der Bürger finanziert werden, morgen verschwinden, so wäre das zumindest kurz- und mittelfristig kein Problem für die Elite. Tatsächlich ginge es den Superreichen sogar besser, denn sie könnten auch den relativ kleinen Teil ihres Vermögens, den sie gegenwärtig in Form von Steuern abtreten müssen, um zur Erhaltung dieser Institutionen beizutragen, für sich behalten.

Und wenn das Land zu einer Ruine verkommen ist, wenn Gesundheits- und Bildungswesen zusammenbrechen oder Straßen und Brücken verfallen? Dann schützt ihr in den Steueroasen gehortetes Vermögen die Plutokraten auf unbestimmte Zeit vor den meisten schädlichen Auswirkungen. Kurzfristig können sie es wie die Superreichen Brasiliens und Mexikos machen und sich anarchischen Zuständen in ihrem Heimatland anpassen, indem sie einen Hubschrauber benutzen, um zur Arbeit zu fliegen und die Kinder in die Schule zu bringen, hoch über den von der Kriminalität heimgesuchten Straßen, wo ihre Mitbürger sich durchs Leben kämpfen müssen.[4] Sollte es ihnen irgendwann nicht mehr gelingen, sich auf diese Art anzupassen und zu schützen, so können sie sich in luxuriöse Bunker (samt Bowlingbahn!) zurückziehen oder sogar in den Weltraum fliehen.[5] Der höchste Ausdruck von Reichtum und Macht besteht darin, sich nicht nur den Gesetzen des Staates, sondern auch dem Gesetz der Schwerkraft zu entziehen. Doch für den

Augenblick geben sich die Superreichen damit zufrieden, sich den ärgerlichen gesellschaftlichen Zwängen zu entziehen und die Bürde von Steuern und gesetzlicher Rechenschaftspflicht der übrigen Gesellschaft zu überlassen.[6]

Auf manch einen wirkt die Denkweise der elitären Klienten der Offshore-Finanzindustrie vermutlich kurzsichtig oder sogar irrational. Aber wie der französische Soziologe Bruno Latour schrieb, kalkulieren diese Personen durchaus rational: Sie glauben, dass ihnen dank des Reichtums, den sie anhäufen, indem sie den Rechtsstaat untergraben, die Demokratie schwächen und das Wirtschaftssystem austricksen, die Flucht aus einer kollabierenden Gesellschaft und vor dem Zusammenbruch der Umwelt gelingen wird. Dazu müssen sie nur ihre Geldkoffer füllen, indem sie den Ertrag aus Gesetzlosigkeit und Umweltzerstörung maximieren.[7] Dieses Projekt der Freiheit für eine kleine Gruppe »Auserwählter« auf Kosten aller anderen kann nur funktionieren, wenn diese Personen durch Geheimhaltung vor einer strengen Aufsicht geschützt werden.

Der Sozialwissenschaftler Douglas Rushkoff, der einigen Plutokraten bei der Fluchtplanung zur Seite stand (an einem geheimen Ort, versteht sich), bezeichnet ihre Strategie als »Abschottungsgleichung«. Diese Milliardäre, deren Reichtum und Macht fast unbegrenzt waren, interessierten sich nicht für Rushkoffs Versuche, ihnen das Konzept der Solidarität und die gemeinsame Sorge um das Leben auf der Erde nahezubringen. Stattdessen wollten sie wissen, ob sie ihren Leibwächtern besser Elektroschockhalsbänder anlegen sollten, um sie im Notfall vom Raub der Lebensmittelvorräte abzuhalten – oder ob sie besser gleich auf Roboterleibwächter umsteigen sollten. Sie wollten Weltuntergang und Massensterben nicht verhindern, sondern von einem sicheren Ort aus beobachten.[8]

Im Alltag kann es den Anschein haben, bei den Vorgängen in den Steueroasen handle es sich einfach um bürokratischen Papierkram und Geldbewegungen: Sie wirken antiseptisch und blutleer. Wie es ein Offshore-Vermögensverwalter ausdrückt: »Der Großteil unserer Arbeit ist Papierkram.« Aber diese Papiere, Worte, Zahlen und Regeln haben sehr materielle Auswirkungen: Sie sind die Bausteine von Systemen bleibender wirtschaftlicher und politischer Ungleichheit. Manchmal sind diese Bedingungen so extrem, dass sie unnötiges Leid erzeugen oder sogar Todesopfer fordern, zum Beispiel, wenn Steuervergünstigungen für die Superreichen zur Folge haben, dass grundlegende öffentliche Dienste wie Lebensmittelhilfe, Wohnung, medizinische Versorgung, Bildung und Verkehr eingeschränkt werden müssen.[9] Das geschieht nicht nur in den ärmeren, abgelegenen Steueroasen, sondern immer öfter auch in den reichsten und stabilsten Finanzzentren der Welt.

Eine wachsende Zahl von Studien zeigt, dass selbst in reichen Ländern Sparprogramme, die zur Einschränkung grundlegender Leistungen führen, einen dramatischen Anstieg von Kindersterblichkeit und Selbstmordrate zur Folge haben.[10] Friedrich Engels prägte im Jahr 1845 den Ausdruck »sozialer Mord«, um Phänomene zu beschreiben, die auftreten, wenn Gestaltung und Funktionsweise der Gesellschaftsordnung zu unnötigem Leid und verfrühtem Tod führen. Engels, der Erbe eines Textilunternehmens in England, hatte die verheerenden Auswirkungen des Industriesystems mit eigenen Augen gesehen. Dass dieses System das Leben der Arbeiter körperlos und unsichtbar steuerte, machte es noch heimtückischer. Der soziale Mord, schrieb Engels, sei ein »versteckter, heimtückischer Mord, ein Mord, gegen den sich niemand wehren kann, der kein Mord zu sein scheint, weil man den Mörder nicht sieht«.[11] Er beschrieb dasselbe Problem, mit dem die Offshore-Finanzen heute die Welt konfrontieren: Wie kann man ein System bekämpfen, das gefährlich, aber gesichtslos ist?

Der Kolonialismus war diesbezüglich ganz anders: Der Großteil der kolonialen »Drecksarbeit« wurde ganz offen von identifizierbaren Personen und Organisationen gemacht.[12] Ausbeutung und Tod in diesem System wurden von vielen Zeitzeugen beobachtet, darunter Künstler und Historiker, welche die Geschehnisse festhielten. Nichts geschah im Verborgenen. Die Folge waren gewaltsame Erhebungen und Rebellionen. Bei den Offshore-Finanzen ist das anders. Durch den gekonnten Einsatz von Geheimhaltung und Komplexität konnte das größte Problem des Kolonialismus vermieden werden: die Revolte der Kolonisierten. Wenn sich die Ausgebeuteten der Ausbeutung nicht bewusst sind und keinen Unterdrücker sehen können, werden sie keinen Widerstand leisten.

Aber selbst in den hochentwickelten westlichen Demokratien, die lange Zeit als stabil galten, ahnen mittlerweile viele Menschen, dass etwas im Argen liegt: Sie wählen, aber die gewählten Politiker scheinen sie zu ignorieren. Sie zahlen ihre Steuern, aber ihre Krankenhäuser und Schulen werden geschlossen oder büßen Qualität ein. Sie arbeiten hart, aber das soziale, politische und wirtschaftliche System scheint nicht für sie zu arbeiten. In diesem Sinn könnte man das Offshore-Finanzsystem als Kolonialismus 2.0 bezeichnen, denn in diesem System wiederholt sich vieles von der Ausbeutung und Ungerechtigkeit der ursprünglichen Version mit einer postmodernen Ergänzung: Die Kolonisatoren vertreten nicht länger einzelne Nationen, sondern das internationale Kapital, und die ausgebeuteten Kolonien beinhalten in dieser Version auch die »freie Welt«. Noch schlimmer ist, dass die große Mehrheit der Kolonisierten überhaupt nicht weiß, dass sie von einer Offshore-Elite ausgebeutet wird, die das Konzept der Staatsangehörigkeit fast zur Gänze abgeschüttelt hat, sofern es nicht ihre Eigentumsrechte schützt.

Anders als die Originalversion ist der Kolonialismus 2.0 »entterritorialisiert«, was bedeutet, dass die Macht von Akteuren – Personen und Organisationen – ausgeübt wird, die nicht an einen bestimmten Ort gebunden sind. Dasselbe gilt für ihr Vermögen. Die Organisationen, bei denen es sich überwiegend um Unternehmen handelt, sind multinational. Die industriellen Angehörigen der Eliten erwerben abhängig von ihren Bedürfnissen die Staatsbürgerschaft von Ländern und geben sie wieder auf. Die Vermögen beider Gruppen bewegen sich mehr oder weniger ungehindert dorthin, wo sie am leichtesten ohne Einschränkungen wie Steuern oder Vorschriften wachsen können.

Die Untertanen des ursprünglichen Kolonialismus konnten die Personen, von denen sie ausgebeutet wurden, identifizieren und sogar in Fleisch und Blut sehen. Heute ist das nicht mehr möglich. Demagogen und Faschisten profitieren von diesen Bedingungen, denn niemand muss davon überzeugt werden, dass die Gesellschaft zerfällt: Die Menschen wollen einfach nur wissen, wer schuld daran ist. Also bekommen wir statt Revolten der Kolonialvölker Populismus und Pogrome. An diesem Punkt überschneiden sich die Offshore-Finanzen mit dem weltweiten Aufstieg antidemokratischer autoritärer Bewegungen, wie der Ökonom Thomas Piketty und die Historikerin Ruth Ben-Ghiat gezeigt haben.[13] Selbst in einer Welt, in der es von Verschwörungstheorien wimmelt, ist es bemerkenswert schwierig, den Menschen die Augen dafür zu öffnen, wie weit die Verstümmelung von Demokratie und Kapitalismus den geheimen privaten Kapitalströmen rund um den Erdball zu verdanken ist. Es ist sehr viel leichter, die Menschen davon zu überzeugen, dass das Problem von Personen verursacht wird, die sie sehen können, zum Beispiel von Einwanderern oder von Menschen, die eine andere Religion haben. Eine der wichtigsten Aufgaben der modernen Soziologie besteht darin, diesem »Krieg aller gegen alle« entgegenzuwirken, indem die systemischen Ursachen der Konflikte aufgedeckt werden.[14]

Was sollen wir denn tun? Diese Frage stellte der Schriftsteller Leo Tolstoi im Jahr 1886 in einem langen Essay über Reichtum, Armut und Ausbeutung in der Feudalgesellschaft. Im Jahr 1900 stellte er in einem weiteren Essay eine noch bessere Frage: »Muss es denn wirklich so sein?«[15] Tolstoi, der selbst Grundbesitz und mehr als 600 Leibeigene geerbt hatte, gelangte zu dem Schluss, dass die meisten Menschen leben, ohne sich mit diesen Fragen zu beschäftigen, und dadurch großes Unrecht fortsetzen. Die soziologische Imagination versucht, diese vernachlässigten Gedankengänge wiederzubeleben.

Die Bewältigung der Herausforderungen, mit denen uns das Offshore-Finanzsystem konfrontiert, ist nicht nur wegen der Geheimhaltung schwierig, sondern auch aufgrund des Einflussbereichs dieses Systems. Die breit gefächerten Wirkungen der Offshore-Finanzen auf Gesellschaft, Politik, Wirtschaft und sogar Umwelt können überwältigend wirken. Selbst transnationalen Organisationen fällt es schwer, all diese Auswirkungen zu erfassen. Daher brauchen wir nicht nur soziologische, sondern globale Imagination.[16]

Darum habe ich mich bemüht, insbesondere, indem ich die Aufmerksamkeit auf jene transnationalen Experten gelenkt habe, die das Offshore-Finanzsystem gestalten und betreiben. Die *Panama*, *Paradise* und *Pandora Papers* konnten das System anders als von manchen erwartet nicht zum Einsturz bringen, aber sie leisteten uns einen großen Dienst: Sie haben der Öffentlichkeit riesige Mengen an Daten zugänglich gemacht, die offenbaren, wie hoch die von den Offshore-Finanzen verursachten Kosten tatsächlich sind. Sie haben für alle Welt sichtbar gemacht, was zuvor vollkommen unsichtbar war.

Diese Daten machen es auch möglich, Ideen einzuordnen, die ich in meiner früheren qualitativen Forschung entwickelt und in *Capital Without Borders* erläutert habe. Meine wichtigste These war, dass die Vermögensverwalter das Herzstück des Offshore-Systems sind – weshalb alle Bemühungen, diesen Aktivitäten Grenzen zu setzen, in erster Linie auf sie zielen sollten. Andere sind zu einem ähnlichen Ergebnis gelangt, konnten aber nicht die Beweise vorlegen, die nötig gewesen wären, um politische Veränderungen herbeizuführen. Im Jahr 1992 brachte der konservative Abgeordneter David Shaw im britischen Unterhaus eine Gesetzesvorlage ein, um heimischen Anwälten und Buchhaltern eine Tätigkeit in Steueroasen zu verbieten. Jahrzehnte früher als andere Politiker hatte Shaw begriffen, dass diese Sachkenntnis in den früheren Kolonien genutzt wurde, um ganze Wirtschaftssysteme zu errichten, deren Fundament der Betrug einschließlich von Steuerhinterziehung war. Leider wurde seine Gesetzesvorlage nach nur einer Lesung im Unterhaus zu den Akten gelegt.[17]

Wenige Jahre später hatten israelische Parlamentarier einen ähnlichen lichten Augenblick und schafften es sogar, einen politischen Vorstoß zu unternehmen, um die Vermögensverwalter an die Leine zu legen. Da die Aufsichtsbehörden nicht genug Personal hatten, um sämtliche Fälle von Steuervermeidung aufzuspüren, spannte der Gesetzgeber stattdessen die Vermögensverwalter ein, um Schlupflöcher für Steuerflüchtige zu schließen. Den Finanzexperten wurde die Möglichkeit gegeben, eine wichtige Rolle im Dienst der Allgemeinheit zu spielen und sich an der Gestaltung neuer Rechtsvorschriften zu beteiligen, die viele Wege zur legalen Steuervermeidung versperren, gleichzeitig jedoch einige Schlupflöcher offen lassen würden, um die Vermögensverwalter finanziell dafür zu belohnen, dass sie dafür sorgten, dass ihre Klienten ihren steuerlichen Verpflichtungen nachkamen. So gelang es, die Menge an Geld, das das Land verließ, deutlich zu verringern und Israel sehr viel höhere Steuereinnahmen zu sichern, mit denen Investitionen bestritten werden konnten.[18]

Der Fall Israels war ein vielversprechender Forschungsgegenstand, genügte jedoch nicht, um meine Hypothesen zu überprüfen. Es handelte sich nur um ein einzelnes Land, und die politischen Maßnahmen bezogen sich nicht direkt auf konkrete Steueroasen. Es war also nicht klar, ob die Strategie, politische Maßnahmen zu ergreifen, die auf die Vermögensverwalter zielen, allgemein angewandt werden könnte. Erst als dank der Leaks der Jahre 2016 bis 2021 große Mengen an Daten zu den Offshore-Finanzen zugänglich wurden, wurde es möglich, diese Ansätze weltweit zu testen. Nun machte ich mich mit einem Forschungsteam, dem die Netzwerkforscher und Mathematiker Herbert Chang, Dan Rockmore und Feng Fu angehörten (sie sind allesamt Kollegen am Dartmouth College), daran, das bei meiner qualitativen Arbeit beobachtete Muster quantitativ zu analysieren: Die Vermögensverwalter sind die Knotenpunkte der Netzwerke, welche die Klienten mit ihren Offshore-Vermögen und miteinander verbinden.

Ein Jahrzehnt nach Veröffentlichung meiner These, die Vermögensverwalter seien der Schlüssel zum gesamten Offshore-System, bewies diese Studie mathematisch, dass diese These zutraf. Wir konnten zeigen, dass das ganze System zusammenbrach und die Oligarchen von ihrem Vermögen abgeschnitten wurden, wenn die Verbindungen der Vermögensverwalter im Netzwerk unterbrochen wurden, etwa durch gegen ihre Aktivitäten gerichtete Maßnahmen.[19] Diese Ergebnisse deuteten darauf hin, dass die Intermediäre nicht nur unverzichtbar sind, um das Offshore-Netzwerk aufrechtzuerhalten, sondern auch einige der schädlichsten Resultate der Offshore-Finanzen ermöglichen, darunter eine explodierende Vermögensungleichheit und Korruption in der Elite.

Wir fanden auch Belege für eine weitere These, die ich aus meiner qualitativen Forschung abgeleitet hatte: Viele Oligarchen legen ihr gesamtes Offshore-Vermögen in die Hände derselben kleinen Gruppe vertrauenswürdiger Vermögensverwalter. Das bedeutet, dass einige wenige sehr gut vernetzte Fachleute Positionen von größter strategischer Bedeutung in der Welt der Offshore-Finanzdienstleistungen einnehmen. Aus Sicht der Plutokraten ist es sinnvoll, die Geheimnisse über ihre Vermögen nur mit einer Handvoll Experten zu teilen, und das gilt insbesondere für Länder mit autokratischen Regimes wie Russland oder China, wo die Superreichen und ihre Familien Repressionen befürchten müssen, sollten Informationen über ihre Finanzen in die falschen Hände gelangen.[20] Solche Eliten beschränken den Kreis ihrer Berater strikt und geben diesen Experten nur die Informationen, die sie unbedingt brauchen. Sie arbeiten nur mit Vermögensverwaltern zusammen, die ihnen von Familienmitgliedern und Freunden als vertrauenswürdig empfohlen worden sind. Je weniger Personen Zugang zu den Geheimnissen haben, desto leichter kann die Geheimhaltung gewahrt werden. Dasselbe Prinzip wird in der Mafia angewandt.[21]

Aus Sicht der Politik stellt dies eine sehr nützliche Schwachstelle dar, die strategisch genutzt werden kann: Diese Vermögensverwalter stellen in einem Offshore-System, das im Allgemeinen kaum anfällig für Interventionen von außen ist, Punkte der »Superfragilität« dar, um einen Begriff aus der Netzwerkforschung zu verwenden. Ausgehend von dieser Erkenntnis können die kostspieligen und unwirksamen Strategien aufgegeben werden, mit denen die Vereinigten Staaten, die Europäische Union, Großbritannien, die OECD und andere Akteure versucht haben, den Missbrauch der Offshore-Finanzen zu bekämpfen und Sanktionen zu verhängen. Die übliche Methode, das Vermögen reicher Personen und multinationaler Konzerne aufzuspüren, hat nicht funktioniert. Ihr Geld ist zu beweglich, und es ist zu leicht, die Identität der Eigentümer mit finanztechnischen Tricks wie dem Einsatz von Strohmännern und Trusts zu verschleiern. Druck auf die Vermögensverwalter ist sehr viel effizienter und wirksamer, wobei dieser Druck die Form von Belohnungen für Kooperation mit den Aufsichtsbehörden (wie im Fall Israels) oder von Beschränkungen für die Weitergabe ihres Wissens an kriminelle Klienten annehmen kann.

Besonders bedeutsam sind diese Erkenntnisse für den Umgang mit den russischen Oligarchen, die vom Westen mit Sanktionen belegt wurden, weil sie den von Präsident Wladimir Putin im Jahr 2022 angeordneten Überfall auf die Ukraine unterstützten. Mindestens 20 Oligarchen haben auf Aufhebung dieser Sanktionen geklagt, und viele andere haben Vermögenswerte wie Privatflugzeuge, Superjachten und Aktien in »sichere Häfen« wie Dubai gebracht, die nicht vom Sanktionsregime erfasst werden.[22]

Meine Forschungsergebnisse deuten darauf hin, dass die Staaten nicht nach den Vermögen dieser Oligarchen suchen sollten, sondern ihre Ziele eher erreichen könnten, indem sie den Vermögensverwaltern in ihren Hoheitsgebieten die Zusammenarbeit mit Personen untersagen, über die Sanktionen verhängt worden sind. Auf diese Art würden die Offshore-Netzwerke vieler Oligarchen auf einen Schlag zerrissen. Sie hätten keinen Zugang mehr zu ihrem Vermögen. Indem man den Strom der Sachkenntnis unterbricht, der die Klienten mit den Offshore-Finanzdienstleistungen verbindet, kann man die beabsichtigten Wirkungen der Sanktionen sehr viel direkter und nachhaltiger erzielen als durch die Beschlagnahme von Jachten oder Privatjets.

Wird die Verbindung zu den Experten gekappt, so können die Oligarchen ihre Vermögensverwalter nicht einfach durch neue ersetzen. Viele dieser Superreichen haben politisch heikle, potenziell explosive Geheimnisse finanzieller, rechtlicher und persönlicher Art. Ein Schweizer Vermögensverwalter erklärte mir, seine Klienten müssten im bildlichen Sinne vor seinen Augen »die Hosen herunterlassen« und sehr private Information preisgeben, die für ihr Vermögen und die rechtlichen und finanziellen Strategien relevant seien, die angewandt werden müssten, um es zu schützen.[23] Vermögensverwalter zu finden, denen man solche Information anvertrauen kann, ist ein langwieriger und riskanter Prozess. Ein anderer von mir interviewter Vermögensverwalter erzählte mir: »Nachdem ich mehrere Jahre mit ihm zusammengearbeitet hatte, sagte einer meiner Klienten zu mir: ›Sie wissen, dass ich Sie jetzt nicht mehr feuern kann. Sie wissen, wo alles liegt, Sie wissen alles über mich.‹«

Würde man anhand der von mir vorgeschlagenen Strategie die Verbindung zwischen den Oligarchen und ihren Vermögensverwaltern kappen, so wäre es sehr riskant für diese Superreichen, ihre Geheimnisse neuen Experten anzuvertrauen. Je mehr Personen wissen, wie die Oligarchen ihr Vermögen erworben haben, wie viel Geld sie besitzen und wo es versteckt ist, desto verwundbarer sind sie. Ihr Vermögen könnte beschlagnahmt werden und sie würden in größere persönliche Gefahr geraten – sie wären nicht nur von repressiven Staaten, sondern auch von opportunistischen Kriminellen bedroht, die in ihren Familien geeignete Ziele für Entführung oder Erpressung sehen können. In der Welt der Offshore-Finanzen ist das Vertrauen keine Massenware. Es kann nicht einfach bei einem anderen Anbieter gekauft werden.

Weder ist es eine neue Idee, Vermögensverwaltern zu verbieten, sanktionierte Klienten zu betreuen, noch würde es die Lebensgrundlage dieser Fachleute zerstören. Die Praxis, im nationalen Interesse die Möglichkeiten von Fachleuten zur Nutzung ihrer Kenntnisse einzuschränken, hat ihren Ursprung in Kalten Krieg. Damals wurde versucht, der Weitergabe von Know-how für chemische, biologische und Atomwaffen einen Riegel vorzuschieben.[24] Dies war eine durchaus erfolgreiche nichtmilitärische Strategie für den Umgang mit internationalen Konflikten. Beispielsweise entschloss sich der Iran im Jahr 2015 nicht zuletzt deshalb zur Teilnahme an einer Vereinbarung, die sein Atomprogramm bremste, weil Maßnahmen ergriffen worden waren, die den Zugang des Regimes zu Rechts- und Finanzexperten einschränkten, weshalb die Führung des Landes »keinen Zugang zu ihrem im Ausland gelagerten Vermögen hatte«, wie der Forschungsdienst des amerikanischen Kongresses feststellte.[25] Die Aussicht, dass eine Zusammenarbeit mit den Vereinigten Staaten dem Iran helfen würde, die Verbindungen zu diesen Experten und zu den von ihnen verwalteten iranischen Vermögenswerten – zwischen 100 und 150 Milliarden Dollar – wiederherzustellen, brachte das Regime schließlich an den Verhandlungstisch zurück.[26]

Dass solche Regeln jetzt von den Vereinigten Staaten, der Europäischen Union und anderen auf die finanzielle, rechtliche und Buchführungsexpertise von Vermögensverwaltern angewandt wird, deutet darauf hin, dass sich die Welt der von den Offshore-Finanzen ausgehenden Gefahr für die nationale und internationale Sicherheit bewusst wird. Die Schweiz hat bereits Strafverfahren gegen mehrere Vermögensverwalter eingeleitet, die im Sold sanktionierter Oligarchen stehen. Vor Kurzem hat ein Gericht in Genf vier Vermögensverwalter verurteilt und mit hohen Geldbußen belegt, die es einem als »Putins Geldbörse« bekannten russischen Staatsbürger ermöglicht haben, Millionen auf Bankkonten in Zürich zu deponieren; es besteht der Verdacht, dass dieses Geld Teil von Putins Privatvermögen ist.[27] In den Vereinigten Staaten ist es verboten, mit Sanktionen belegten Personen bestimmte Arten von Offshore-Sachkenntnis zur Verfügung zu stellen, darunter Dienstleistungen wie Buchhaltung und Unternehmensgründung, die unverzichtbar sind, um die Strukturen zu errichten und zu erhalten, in denen das Vermögen von Oligarchen versteckt wird.[28] Die Europäische Union und Großbritannien haben ähnliche Maßnahmen ergriffen und untersagen auf ihrem Territorium ansässigen internationalen Rechts- und Steuerexperten die Zusammenarbeit mit russischen Oligarchen, über die Sanktionen verhängt wurden.[29] Um diese Verbote durchzusetzen, werden Übeltätern hohe Geldbußen sowie Haftstrafen angedroht. Diese maßgeschneiderte Strategie, die nur auf die Sachkenntnis zielt, die sanktionierte Personen mit ihrem Offshore-Vermögen verbindet, wirft sehr viel weniger moralische Zweifel auf als umfassende Sanktionen, die ganze Länder von lebenswichtigen Ressourcen wie Getreide, Medikamenten und Treibstoffen abschneiden können. Und die Vermögensverwalter können weiterhin ihrer gewohnten Tätigkeit nachgehen und sich ihren Lebensunterhalt verdienen, sofern sie darauf verzichten, für Klienten zu arbeiten, über die Sanktionen verhängt wurden.

All das weckt die Hoffnung, dass es in Zukunft möglich sein wird, wirksam gegen den Missbrauch der Offshore-Finanzen vorzugehen. Ähnlich erfreulich ist die außergewöhnliche Solidarität, die viele führende Offshore-Zentren nach dem russischen Überfall auf die Ukraine gezeigt haben. Der Krieg brachte rasch eine Koalition von Ländern zusammen, die normalerweise miteinander um die Vermögen der russischen Oligarchen wetteifern. Vielleicht zum ersten Mal arbeiteten die Vereinigten Staaten, die Schweiz, Großbritannien, Monaco und die Europäische Union zusammen, um die Vermögen von Putins Verbündeten einzufrieren, zu beschlagnahmen und zu vertreiben. Sogar Zypern – dessen Abhängigkeit von Putins Spießgesellen derart tief ist, dass es auch als »russische Bank mit schmutzigem Geld« bezeichnet worden ist, »die sich als EU-Mitgliedsstaat ausgibt« – riskierte es, den Zorn seiner besten Klienten auf sich zu ziehen, indem es russischen Flugzeugen die Nutzung seines Luftraums untersagte und die Häfen der Insel für russische Kriegsschiffe sperrte.[30] Singapur schreckte vor der Verhängung individueller Sanktionen zurück, aber diese beliebte Steueroase fasste den »fast beispiellosen« Entschluss, russischen Banken den Marktzugang zu verwehren.[31]

Unabhängig von ihren Auswirkungen auf den russischen Angriffskrieg waren dies bemerkenswerte Entwicklungen, zeigten sie doch, dass die Offshore-Zentren durchaus kollektiv in gesellschaftlichem Interesse handeln können, indem sie sich weigern, Beihilfe zu den Machenschaften von Kleptokraten zu leisten. Jahrzehntelang behaupteten Offshore-Zentren – von Riesen wie den Vereinigten Staaten und der Schweiz bis zu den winzigen »Steuerparadiesen« Nevis und Vanuatu –, das sei unmöglich.[32] Jetzt haben sie bewiesen, dass sie, sofern sie dazu bereit sind, sehr wohl in der Lage sind, die Mauern des Schweigens und der Komplizenschaft niederzureißen, selbst wenn das ihr Geschäftsmodell bedroht.

Dies ist eine der möglichen Richtungen, in die sich die Offshore-Welt entwickeln kann. Sie kann ihre Mängel selbst beheben. Aber es bleibt abzuwarten, ob diese in einer internationalen Krise entstandene Kooperation aufrechterhalten werden kann. Eine andere mögliche Entwicklungslinie ist historisch häufiger zu beobachten: Systeme, die extremes Machtungleichgewicht und eine Ungleichverteilung des Wohlstands erzeugen, zerstören sich oft selbst.

Der römische Historiker Plinius der Ältere beschrieb ein aufschlussreiches Fallbeispiel für diese Dynamik. Vor fast 2000 Jahren schrieb er über ein System, das Reichtum und Macht so erfolgreich konzentrierte, dass es die Römische Republik zerstörte. Dieses als *latifundia* bezeichnete System funktionierte folgendermaßen: Jeder vermögende Bürger, der mindestens 240 Hektar Land besaß, erhielt automatisch einen Senatssitz. Im Senat konnten die Grundeigentümer sämtliche Bereiche des öffentlichen Lebens vom Steuersystem über das Militär bis zur Außenpolitik beeinflussen. Erwartungsgemäß nutzten die vermögenden Grundeigentümer ihre Macht, um auf Kosten ihrer Mitbürger ihre eigenen wirtschaftlichen Interessen zu fördern. Unter anderem befreiten sie sich selbst von Grundsteuern, sodass ihr Vermögen rasch wuchs. Das rasante Wachstum ihrer wirtschaftlichen und politischen Macht veränderte die Gesellschaft vollkommen. Vor allem wurden für die gewinnbringende Bewirtschaftung ihrer großen Latifundien Armeen landloser Bauern sowie Sklaven benötigt. Die abwesenden Grundherren im Senat eigneten sich immer größere Ländereien an und machten viele früher unabhängige Kleinbauern zu Lohnarbeitern, die das Land der Grundherren für einen Anteil an der Ernte bestellten. Die Folge war eine Zunahme der Armut.

Die wirtschaftliche Destabilisierung der gewöhnlichen Bürger beunruhigte Plinius, da sie zu einer Abkehr von der repräsentativen Demokratie führte, in der nicht nur der Adel, sondern auch die einfachen Bürger Macht hatten. In seinen Augen waren hungrige, verzweifelte Menschen nicht länger frei. Daraus schloss Plinius, dass ein System, das einigen wenigen ein Übermaß an Reichtum und Macht sicherte, die Gesellschaft zerstören würde, auf der es beruhte: »Latifundia perdidere Italiam« – Die Latifundien haben Italien zerstört.[33]

Das Latifundiensystem eignete sich derart gut dazu, eine kleine Gruppe von Adligen immer reicher und mächtiger zu machen, dass es auf die römischen Besitzungen in Afrika ausgeweitet wurde und sich in das Modell verwandelte, das im Römischen Reich und später in den Kolonialreichen übernommen wurde. Die Institution, die Plinius so bedrohlich schien, war der antike Vorläufer des heutigen Offshore-Finanzsystems.

Die Ähnlichkeit ist unübersehbar: Das Offshore-System eröffnet einfach neue Möglichkeiten, Reichtum und Macht in den Händen weniger zu bündeln, wodurch sowohl die Demokratie als auch der geteilte Wohlstand untergraben werden. Die Ähnlichkeit betrifft sogar den Fluch der Finanzen, denn die Zeitgenossen von Plinius stellten fest, dass die extreme Ungleichheit innerhalb des Latifundiensystems zu Korruption und moralischem Niedergang führte.[34] Die korrupten Politiker, deren Namen in der Medienberichterstattung über die *Panama*, *Paradise* und *Pandora Papers* aufgetaucht sind, sind moderne Inkarnationen der Rentiers, die im römischen Senat saßen. Können wir sie daran hindern, die politische Ordnung ein weiteres Mal zu zerstören?

Manche setzten große Hoffnungen in die Strafverfolgung im Anschluss an die großen Offshore-Leaks in den letzten Jahren, aber diese Hoffnung ist enttäuscht worden. Wie Mossack Fonseca der Welt nach der Veröffentlichung der *Panama Papers* in einer knappen Erklärung von nur etwa tausend Wörtern mitteilte: Wenn euch nicht gefällt, was wir tun, ändert die Gesetze. Wir haben keins gebrochen. Diese Behauptung entsprach nicht ganz der Wahrheit – sowohl Mossack als auch Fonseca wurden für einige Monate ins Gefängnis geschickt –, aber es ist verblüffend, wie wenige Strafverfahren die Offshore-Leaks ausgelöst haben. Noch geringer war die Zahl der Verurteilungen. Wie auch immer man sie moralisch beurteilen mag, viele Offshore-Praktiken sind tatsächlich legal. Und die übrigen sind oft so komplex, dass niemand beweisen kann, dass sie gegen Gesetze verstoßen.

Nach meiner Zählung hat die Veröffentlichung von zig Millionen Dokumenten im Verlauf der Offshore-Leaks in den acht Jahren seit dem Skandal der *Panama Papers* weltweit zu weniger als zwei Dutzend Verurteilungen geführt. Die Beweisführung ist oft mühsam, weshalb es mit einiger Verzögerung in Zukunft möglicherweise weitere Urteile geben wird. Aber die Klienten des Offshore-Systems haben oft gute Anwälte und viel Geld, was es ihnen erlaubt, jahrelang durch die Instanzen zu gehen, was sich selbst die Justizbehörden reicher Länder nicht leisten können. Selbst die wenigen Personen, die aufgrund der in den Offshore-Leaks veröffentlichten Informationen verurteilt wurden, sind dank ihres Reichtums und ihrer Macht überwiegend um eine Gefängnisstrafe herumgekommen.

Ein Beispiel ist der Fußballstar Lionel Messi, der im Jahr 2016 von einem spanischen Gericht, das sich teilweise auf in den *Panama Papers* gefundene Daten stützte, wegen Steuerbetrugs verurteilt wurde. Messi wurde zu 21 Monaten Haft verurteilt, verbrachte jedoch nicht einen einzigen Tag hinter Gittern, sondern kam mit einer Geldstrafe davon. Im Jahr 2018 wurde der ehemalige pakistanische Ministerpräsident Nawaz Sharif, gestützt auf Enthüllungen in den *Panama Papers*, zu einer Gefängnisstrafe von 14 Jahren verurteilt. Aber nach wenigen Monaten in Haft erhielt er die Erlaubnis, zu einer »medizinischen Behandlung« nach London zu reisen, und blieb einfach dort. Er verbrachte die folgenden vier Jahre in einem der Luxusdomizile seiner Familie und bewegte im Jahr 2023 einen Richter in Islamabad dazu, ihn bei seiner Heimkehr nach Pakistan nicht verhaften zu lassen. So konnte er sich erneut um ein politisches Amt bewerben.

Deshalb und aus anderen Gründen, mit denen wir uns in diesem Buch beschäftigt haben, bin ich nicht zuversichtlich, dass dem Missbrauch des Offshore-Finanzsystems mit Gesetzen Einhalt geboten werden kann. Gesetzesänderungen sind zweifellos notwendig, aber die Erfahrung zeigt, dass sie keine ausreichende Antwort auf die Offshore-Krise sind. Aussichtsreicher scheint mir eine Änderung der gesellschaftlichen Normen zu sein. Die Vorstellung davon, was richtig und was falsch ist, ändert sich rascher als die Gesetzeslage, und in Wahrheit ist auch den reichen Leuten wichtig, was die Allgemeinheit von ihnen hält. Dies ist eine der überraschendsten Beobachtungen, die ich bei meinen Recherchen zu den Offshore-Finanzen gemacht habe: Man sollte meinen, den Superreichen sei vollkommen gleichgültig, was andere über sie denken, aber in Wahrheit empfinden sie Scham wie alle anderen Menschen. Das gilt auch für die Vermögensverwalter, die Architekten des Offshore-Systems. Es mag sonderbar scheinen, aber dieser Punkt kam bei meinen Recherchen ein ums andere Mal zur Sprache: Das gesellschaftliche Stigma ist das Kryptonit der Offshore-Eliten. »Ich bin sehr gut in meiner Arbeit und sollte stolz darauf sein können«, sagte ein Vermögensverwalter zu mir. »Es ärgert mich, schief angeschaut zu werden, weil ich mich mit dem Steuerrecht auskenne, und das Naserümpfen geht mir auf die Nerven.« Selbst eine Fachzeitschrift für Vermögensverwaltung beklagt, dass der einst angesehene Beruf heute »mit Geringschätzung betrachtet und stigmatisiert wird«.[35]

Scham und Stigma sind so wirksam, dass die britischen Finanzbehörden in einer Studie zu Faktoren, die reiche Personen von der Steuervermeidung abhalten, herausfanden, dass die Drohung, die Namen von Steuerhinterziehern in der Zeitung zu veröffentlichen, sehr viel wirksamer ist als Geldstrafen oder Gerichtsverfahren.[36] Die Furcht vor den sozioökonomischen Konsequenzen ist auch der Grund dafür, dass Oligarchen in aller Welt so große Anstrengungen unternehmen, um Journalisten, Politiker und andere, die sie an den gesellschaftlichen Pranger stellen könnten, zu bedrängen und zum Schweigen zu bringen.[37] Besonders gut zu sehen war das in den Wochen nach der russischen Invasion der Ukraine, als sich Putin – der sich nicht öffentlich zu den harten Wirtschaftssanktionen geäußert hatte, die seinem Land auferlegt worden waren – in einer Fernsehansprache über eine »Cancel Culture« beklagte, weil sich europäische Orchester weigerten, Tschaikowsky zu spielen. Als die Europäische Union kurze Zeit später drohte, Angehörigen der russischen Elite Touristenvisa zu verweigern, schlug der Milliardär und Medienstar Wladimir Solowjow vor, als Vergeltung für diese Demütigung Atombomben über Europa abzuwerfen.

Die soziale Ächtung wirkt bei den Eliten, und sie wirkt rascher und besser als viele Gesetze. Gegen formale Strafen wie Gerichtsverfahren können sich die Superreichen gut wehren, aber eine Bedrohung ihres Ansehens und ihres sozialen Status ist schmerzhaft und provoziert heftige Reaktionen.

Daher schließe ich meine Abhandlung mit derselben Empfehlung, die ich Steuerbehörden und multinationalen Organisationen gebe, die mich um Rat dazu bitten, was man gegen den Missbrauch des Offshore-Finanzsystems tun kann: Sie sollten die sozialen Kräfte zu ihrem Vorteil nutzen. Das Gesetz ändert sich nur langsam, und das ist gut so. Die Haltung der Öffentlichkeit hingegen kann rasch und wirksam verändert werden. Insbesondere die Stigmatisierung ist eine sehr schlagkräftige Waffe, die jedoch oft falsch eingesetzt wird. Nur selten wird sie gegen wirklich verwerfliche Akteure eingesetzt, aber wenn sie eingesetzt wird, kann sie ansonsten Unerschütterliche erschüttern. Zu Beginn des Jahrhunderts bewegte sie Unternehmen dazu, bis dahin als akzeptabel betrachtete Praktiken aufzugeben: Legale Methoden der Steuervermeidung und die Nutzung von Ausbeutungsbetrieben in Entwicklungsländern wurden aufgegeben, weil sie dem Ansehen der Unternehmen und ihren Marken schadeten.

Könnte sich die Einstellung der Öffentlichkeit ändern und die Nutzung des Offshore-Finanzsystems stigmatisieren? Wenn das möglich ist, bestünde der erste Schritt darin, das Bewusstsein für das Problem zu wecken. Das ist einer der Gründe dafür, dass ich dieses Buch geschrieben habe. Der zweite Schritt bestünde darin, die öffentliche Ablehnung zu organisieren. Dafür gibt es Spezialisten in den sozialen Bewegungen und in der neuen Berufsgruppe der Social-Media-Influencer. In den letzten Jahren haben wir gesehen, wie die amerikanische Arbeiterbewegung, die lange Zeit vor sich hinschlummerte, unter der Anleitung von Anführern sozialer Bewegungen zu neuem Leben erwachte, und wie Influencer Tausende junge Menschen dazu brachten, für Likes Waschmittel zu schlucken. Verglichen mit diesen Leistungen sollte es ein Kinderspiel sein, eine Basisbewegung gegen die Offshore-Finanzen zu organisieren. In einer Auseinandersetzung zwischen Stigmatisierung und Ausbeutungsstrukturen, zwischen Basisbewegungen und globalen Finanzen ist den gesellschaftlichen Kräften durchaus der Sieg zuzutrauen.

# DANKSAGUNGEN

Ich schätze mich glücklich, eine geduldige Familie zu haben, die mich stets unterstützt und mir erlaubt hat, mich monatelang in die Arbeit an diesem Buch zu vertiefen. Mir entgingen viele Brettspiele und Familienessen, und ich freue mich darauf, sie nachzuholen! Ein besonderer Dank geht an meine Mutter, die mich vor vielen Jahren als Halbwüchsige auf eine Geschäftsreise nach Peru mitnahm. Was ich in Cuzco und an anderen Orten in diesem Land sah, öffnete mir die Augen für Erkenntnisse, die grundlegend für dieses Buch gewesen sind.

Steve Sommers, mein Geschichtslehrer in der High School, trug mit seinem erhellenden Kurs über den Imperialismus ebenfalls zu diesem Buch bei. An der Universität hatte ich das Glück, einige Vorlesungen von Terry Karl besuchen zu können, die etwa zu jener Zeit das Paradox des Überflusses untersuchte. Diese beiden Lehrer weckten mein Interesse an Kolonialismus und politischer Ökonomie, zwei Themenbereichen, die grundlegend für dieses Buch waren.

Das von Alane Mason geleitete Lektorenteam, dem Sasha Levitt und Caroline Adams angehörten, half mir dabei, aus meinem Manuskript ein Buch für eine breite Leserschaft zu machen. Ich bin sehr dankbar für ihre Unterstützung und für die gekonnte Redaktion von Arthur Goldwag. Ich habe das Glück, einen Agenten wie Jim Levine zu haben, der eine unerschöpfliche Quelle von Wissen und Branchenkenntnis ist.

Meine Arbeit an diesem Buch wurde teilweise mit einem Public-Scholars-Zuschuss des National Endowment for the Humanities (#FZ-292684–23) finanziert. Dazu kamen interne Mittel vom Fakultätsdekan, vom Ethikzentrum und vom Rockefeller Center for Public Policy am Dartmouth College. Bei den Recherchen für die in Kapitel 3 erzählte Geschichte erhielt ich Unterstützung von den Mitarbeitern des Nationalarchivs der Bahamas, insbesondere von Tomoko Smith.

# WEITERFÜHRENDE LITERATUR

## Allgemeine Quellen zum Offshore-System

Bullough, Oliver, *Land des Geldes: Warum Diebe und Betrüger die Welt beherrschen* (München: Kunstmann, 2020).

Alles, was der auf die postkommunistische Welt spezialisierte Journalist Bullough über das Offshore-System geschrieben hat, ist sehr wertvoll, aber dieses Buch enthält eine besonders umfassende Darstellung. Sein 2022 erschienenes Buch *Der Welt zu Diensten* enthält ebenfalls nützliche Informationen über die imperialen Ursprünge des Offshore-Systems.

Harrington, Brooke, *Capital Without Borders: Wealth Managers and the One Percent* (Cambridge: Harvard University Press, 2016).

In meinem ersten Buch über die Offshore-Finanzen beschreibe ich die inneren Abläufe des Systems. Das Buch enthält technische und ethnographische Details zu den rechtlichen, sozialen und politischen Mechanismen der Offshore-Finanzen.

Hoang, Kimberly Kay, *Spiderweb Capitalism* (Princeton: Princeton University Press, 2022).

Hoang untersucht genau, wie die Eliten in den Finanzmetropolen Hongkong und Singapur das Offshore-System nutzen, um gewinnbringend auf den »Schwellenmärkten« in weniger entwickelten Teilen Asiens zu investieren.

Palan, Ronen, Richard Murphy und Christian Chavagneux, *Tax Havens: How Globalization Really Works* (Ithaca: Cornell University Press, 2010).

Die Autoren geben einen Überblick über die politische Ökonomie des Offshore-Systems.

Sharman, Jason, *Havens in a Storm: The Struggle for Global Tax Regulation* (Ithaca: Cornell University Press, 2006).

In seiner faszinierenden Untersuchung zeigt Sharman, wie sich eine Gruppe kleiner Offshore-Zentren erfolgreich dem Druck großer internationaler Organisationen wie der OECD widersetzte und einschränkende Regelungen als Unterdrückungsmaßnahmen der ehemaligen Kolonialmächte darstellte.

Shaxson, Nicholas, *Schatzinseln: Wie Steueroasen die Demokratie untergraben* (Zürich: Rotpunktverlag, 2011).

Der britische Journalist war einer der Ersten, die neben den wirtschaftlichen auch die globalen politischen Auswirkungen der Offshore-Finanzen beschrieben.

Surak, Kristin, *The Golden Passport: Global Mobility for Millionaires* (Cambridge: Harvard University Press, 2023).

Surak liefert einzigartige Einblicke in die geographische Hypermobilität der Superreichen – und ihrer Vermögen –, was es den staatlichen Rechtssystemen erschwert, deren Bewegungen einzuschränken.

Van Maanen, John, *Tales of the Field: On Writing Ethnography* (Chicago: University of Chicago Press, 1988).

In diesem Buch werden die Methodologie der ethnographischen Feldforschung und ihre Probleme untersucht.

Winters, Jeffrey, *Oligarchy* (New York: Cambridge University Press, 2011).

Winters untersucht politische und wirtschaftliche Eliten vom alten Griechenland bis zur Mafia und beschreibt die zentrale Rolle der Offshore-Finanzen in modernen Fällen wie dem der »bürgerlichen Oligarchie« der Vereinigten Staaten.

Zucman, Gabriel, *Steueroasen: Wo der Reichtum der Nationen versteckt wird* (Berlin: Suhrkamp, 2014).

Dieses kurze Buch enthält einige der zuverlässigsten Schätzungen zum Ausmaß der finanziellen Einbußen, welche die Staaten durch die Offshore-Finanzen erleiden.

## Kapitel 1: Die nicht autorisierte Biographie eines geheimen Systems

Galaz, Victor, u. a., »Tax Havens and Global Environmental Degradation«, in: *Nature Ecology & Evolution* (2018) 2: 1352–57.

In diesem bahnbrechenden Artikel untersuchen Galaz und Kollegen, wie die Offshore-Finanzen zur Zerstörung der Umwelt (in diesem Fall des Amazonas-Regenwalds) beitragen.

Harrington, Brooke, »Turning Vice into Virtue: Institutional Work and Professional Misconduct«, in: *Human Relations* (2018) 72: 1464–96.

In diesem Artikel beschreibe ich, wie Vermögensverwalter ihre Tätigkeit verstehen und mit dem moralischen Dilemma umgehen, dass sie die Reichen auf Kosten aller anderen reicher machen.

Simmel, Georg, *Soziologie: Untersuchungen über die Formen der Vergesellschaftung* (Berlin: Duncker & Humblot, 1908).

Diese Zusammenstellung von Simmels berühmtesten Essays enthält den in diesem Kapitel zitierten »Exkurs über den Fremden« sowie den »Exkurs über den Schmuck«.

## Kapitel 2: Das Aufmarschgebiet für den Aufstand der Elite

Craib, Raymond, *Adventure Capitalism: A History of Libertarian Exit, from the Era of Decolonization to the Digital Age* (Oakland: PM Press, 2022).

In dieser historischen Studie zeichnet Craib die Geschichte des bunt zusammengewürfelten Haufens libertärer Anarchisten nach, die im letzten halben Jahrhundert Offshore-Zentren errichtet und sich dort bereichert haben.

Gilman, Nils, »The Twin Insurgency«, in: *American Interest* 9, Nr. 6 (2014).

Dieser bahnbrechende Artikel enthält die in meinen Augen beste Darstellung der politischen Ökonomie des Aufstands der globalen Elite. Eine Pflichtlektüre.

Hanna, Mark, *Pirate Nests and the Rise of the British Empire, 1570–1740* (Chapel Hill: University of North Carolina Press, 2017).

Eine leicht zu lesende Geschichte der politischen Ökonomie der Piraterie und eine wichtige Quelle für jeden, der die Ursprünge der modernen Offshore-Finanzen verstehen will.

Mears, Ashley, *Very Important People* (Princeton: Princeton University Press, 2020).

Diese ethnographische Darstellung der globalen Partyszene liefert einzigartige Einblicke in das Sozialleben der Elite.

Mills, Charles Wright, *The Power Elite* (New York: Oxford University Press, 1956).

Dieser Klassiker der Soziologie ist nach wie vor relevant, um zu verstehen, wie die heutigen Eliten das Offshore-Finanzsystem benutzen.

Page, Benjamin, Jason Seawright und Matthew Lacombe, *Billionaires and Stealth Politics* (Chicago: University of Chicago Press, 2019).

Die Politikwissenschaftler Page, Seawright und Lacombe untersuchen, wie Milliardäre unauffällig die amerikanische Demokratie umgestalten. Eine detaillierte Fallstudie zum Aufstand der globalen Elite, mit dem ich mich in diesem Kapitel beschäftige.

Slobodian, Quinn, *Kapitalismus ohne Demokratie: Wie Marktradikale die Welt in Mikronationen, Privatstädte und Steueroasen zerlegen wollen* (Berlin: Suhrkamp, 2023).

Diese historische Darstellung erleichtert das Verständnis der Gründe für den Aufstand der Elite in der Offshore-Welt.

## Kapitel 3: Zombiekolonialismus

Césaire, Aimé, *Über den Kolonialismus* (Berlin: Wagenbach, 1968).

Eine Pflichtlektüre zur Hinterlassenschaft des Kolonialismus. Der Essay enthält zahlreiche bemerkenswert weitblickende Erkenntnisse, die für den Aufstieg der Steueroasen relevant sind.

Craton, Michael, und Gail Saunders, *Islanders in the Stream: A History of the Bahamian People*, Bd. 2: *From the Ending of Slavery to the Twenty-First Century* (Athens: University of Georgia Press, 2011).

Dieses Buch gilt allgemein als beste Darstellung der Geschichte der Bahamas und der Entwicklungen, die es Wallace Groves ermöglichten, das Land der Herrschaft des Offshore-Finanzsystems zu unterwerfen.

Hudson, Peter, *Bankers and Empire: How Wall Street Colonized the Caribbean* (Chicago: University of Chicago Press, 2017).

In dieser faszinierenden Geschichte wird der Wettbewerb zwischen britischen und amerikanischen Banken um die wirtschaftliche Kontrolle über die Karibik beschrieben.

Koram, Kojo, *Uncommon Wealth: Britain and the Aftermath of Empire* (London: John Murray, 2022).

In diesem vorzüglichen Buch zeichnet Koram das »Nachleben« des britischen Empire in aller Welt nach, darunter in den Gebieten, die sich in Offshore-Finanzzentren verwandelten.

Ogle, Vanessa, »›Funk Money‹: The End of Empires, the Expansion of Tax Havens, and Decolonisation as an Economic and Financial Event«, in: *Past & Present* 249, Nr. 1 (2020): 213–49.

Ogle ist die vielleicht wichtigste Historikerin der Offshore-Finanzen. Der Artikel ist eine Pflichtlektüre für jeden, der die Kapitalflucht zwischen den Kolonien verstehen will, die aus Orten wie den Cayman Islands und den Britischen Jungferninseln Brennpunkte der Offshore-Finanzen machten.

Oulahan, Richard, und William Lambert, »The Scandal in the Bahamas«, in: *Life*, 3. Februar 1967, S. 64.

Die beste Darstellung von Leben und Werk von Wallace Groves. Der Artikel erschien samt Fotos zu Groves' Lebzeiten in dem populären Magazin *Life*.

Press, Steven, *Rogue Empires* (Cambridge: Harvard University Press, 2017).

Diese faszinierende Geschichte der »privatwirtschaftlichen Imperien« erzählt die Geschichte der Freibeuter und Piraten, die das System errichteten, das als Muster für das Offshore-Finanzsystem diente.

## Kapitel 4: Das Paradox des Überflusses

Harrington, Brooke, »Trust and Estate Planning: A Profession and Its Contribution to Socio-Economic Inequality«, in: *Sociological Forum* 27 (2012): 825–46.

Meine erste Arbeit zum Offshore-Finanzsystem; dieser Artikel brachte den Vermögensverwalter auf den Britischen Jungferninseln in Rage.

Karl, Terry, *The Paradox of Plenty: Oil Booms and Petro-States* (Berkeley: University of California Press, 1997).

Diese Untersuchung der politischen Ökonomie der Entwicklung ist grundlegend für das Verständnis der Mechanismen, mit denen die Offshore-Finanzen Wirtschaft und Regierung postkolonialer Gesellschaften aushöhlen können.

Shaxson, Nicholas, *The Finance Curse: How Global Finance Is Making Us All Poorer* (New York: Grove, 2019).

In diesem Buch, das auf seiner früheren Arbeit *Schatzinseln* aufbaut, beschreibt Shaxson, wie die Finanzwirtschaft im Allgemeinen – nicht nur die Offshore-Finanzen – in aller Welt Volkswirtschaften und Gesellschaften untergräbt.

Wintour, Patrick, »Tax Havens Have No Economic Justification, Say Top Economists«, in: *Guardian*, 9. Mai 2016.

Dieser Artikel greift den offenen Brief auf, in dem Hunderte Ökonomen zu einer Auflösung des Offshore-Finanzsystems aufrufen.

## Kapitel 5: Diesseits des Steuerparadieses

Chang, Ho-Chun Herbert, Brooke Harrington, Feng Fu und Daniel Rockmore, »Complex Systems of Secrecy«. in: *PNAS Nexus* 2 (2023): 1–12.

In diesem Artikel zeigen meine Kollegen und ich, gestützt auf eine Netzwerkanalyse der Daten aus den *Panama*, *Paradise* und *Pandora Papers*, dass die Vermögensverwalter tatsächlich die Bindeglieder des Offshore-Finanzsystems sind: Zerreißt man ihre Klientennetzwerke, so bricht das ganze System zusammen.

Hofri-Winogradow, Adam, »Professionals' Contribution to the Legislative Process: Between Self, Client and the Public«, in: *Law and Social Inquiry* 39 (2014): 96–126.

In diesem Artikel wird erklärt, wie es Israel gelang, die Vermögensverwalter zur Zusammenarbeit zu bewegen, um Schlupflöcher in den Steuergesetzen zu schließen.

Maurer, Bill, »Complex Subjects: Offshore Finance, Complexity Theory, and the Dispersion of the Modern«, in: *Socialist Review* 25 (1995): 114–45.

Dieser bemerkenswert vorausschauende Artikel zählte zu den ersten, in denen die Hypermobilität der Reichen und ihres Vermögens als Kraft dargestellt wurde, welche die Staatsmacht umgestalten kann. Maurers Erkenntnisse waren grundlegend für meine These, dass die Offshore-Finanzen mehr als bloß ein wirtschaftliches Phänomen sind.

Osnos, Evan. »Doomsday Prep for the Super Rich«, in: *New Yorker*, 23. Januar 2017.

Dieser Zeitschriftenartikel liefert tiefe Einblicke in die Pläne, die einige Angehörige der Elite schmieden, um sich bei einem Zusammenbruch der Gesellschaft in Sicherheit zu bringen.

Rushkoff, Douglas, *Survival of the Richest: Escape Fantasies of the Tech Billionaires* (New York: W. W. Norton, 2022).

Rushkoffs Schilderung seiner Begegnung mit Milliardären, die den Ausstieg aus der Gesellschaft planten, ist bedeutsam für viele der in diesem Buch behandelten Fragen, darunter jene nach den Beweggründen für den Aufstand der Elite.

# ANMERKUNGEN

## Einleitung

1 Vgl. z. B. meinen Artikel »Trust and Estate Planning: A Profession and Its Contribution to Socio-Economic Inequality«, in: *Sociological Forum* 27 (2012): 825–46.
2 Georg Simmel, *Soziologie: Untersuchungen über die Formen der Vergesellschaftung* (Berlin: Duncker & Humblot, 1908), S. 510, https://www.socio.ch/sim/soziologie/soz_9_ex3.htm.
3 John Van Maanen, *Tales of the Field: On Writing Ethnography* (Chicago: University of Chicago Press, 1988), S. 83.
4 Mit diesem Thema habe ich mich andernorts eingehend beschäftigt. Vgl. insb. Brooke Harrington, »Turning Vice into Virtue: Institutional Work and Professional Misconduct«, in: *Human Relations*, 72 (2018): 1464–96.

## Kapitel 1: Die nicht autorisierte Biographie eines geheimen Systems

1 Es handelt sich um den Fall des verstorbenen Robert Brockman. Michael Levenson, »U. S. Brings ›Largest Ever Tax Charge‹ Against Tech Executive«, in: *New York Times*, 15. Oktober 2020.
2 Georg Simmel, *Soziologie: Untersuchungen über die Formen der Vergesellschaftung* (Berlin: Duncker & Humblot, 1908), S. 280, https://socio.ch/sim/soziologie/soz_5_ex1.htm.
3 Anne Michel, Emily Menkes und Kimberley Porteous, »Secret Files Reveal Rothschild's Offshore Domain«, International Consortium of Investigative Journalists, 11. April 2013.
4 Vgl. Aaron Gell, »›That's Not All!‹: Kevin Trudeau, the World's Grea-

test Salesman, Makes One Last Pitch«, in: *Business Insider*, 20. Januar 2015.

5 Vgl. eine Bekanntgabe der Federal Trade Commission von 2009: https://www.ftc.gov/news-events/news/press-releases/2009/01/judge-orders-kevin-trudeau-pay-more-37-million-false-claims-about-weight-loss-book.

6 Rory Mulholland, »›The Most Expensive Divorce in History‹ Ends After Russian Billionaire Reaches Deal with Ex-wife«, in: *Telegraph*, 21. Oktober 2015.

7 Zur Scheidungsvereinbarung vgl. Vicky Ward, »*T&C* Exclusive: Inside the World's Most Expensive Divorce«, in: *Town & Country*, 20. Oktober 2015.

8 Victor Galaz u. a., »Tax Havens and Global Environmental Degradation«, in: *Nature Ecology and Evolution*, 2 (2018): 1352–57.

9 Agence France Presse, »Chile Sinks Controversial Mining Project over Environmental Concerns«, in: *Barron's*, 18. Januar 2023.

10 Vgl. einen Bericht von Financial Action Task Force Report aus dem Jahr 2021, »Money Laundering from Environmental Crime«, https://www.fatf-gafi.org/content/dam/fatf-gafi/reports/Money-Laundering-from-Environmental-Crime.pdf.

11 Zur Bezeichnung »Schweiz Asiens« vgl. Chanyaporn Chanjaroen, Cathy Chan und David Ramli, »Financial Firms Are Flocking to Singapore but Hong Kong Keeps Its Edge«, in: *Time*, 6. Oktober 2023. Zum Forschungszentrum vgl. »Singapore Opens Research Centre to Fight Rising Sea Levels«, Reuters, 7. September 2023, https://www.reuters.com/world/asia-pacific/singapore-opens-research-centre-fight-rising-sea-levels-2023-09-07/.

12 Zur Zerstörung der Mangrovensümpfe vgl. Katrina Jurn, Joseph Lavallee und Lawrence King, »Environmental Destruction in the New Economy: Offshore Finance and Mangrove Forest Clearance in Grand Cayman«, in: *Geoforum* 97 (2018): 155–68.

13 Ronen Palan, Richard Murphy und Christian Chavagneux, *Tax Havens: How Globalization Really Works* (Ithaca: Cornell University Press, 2010).

14 Casey Michel, *American Kleptocracy* (New York: St. Martin's, 2021).

15 Oliver Bullough, »The Great American Tax Haven: Why the Super-Rich Love South Dakota«, in: *Guardian*, 14. November 2019.

16 Für eine historische Zusammenfassung vgl. Grant Kleiser, »An Empire of Free Ports«, https://clements.umich.edu/an-empire-of-free-ports/.

17 Vgl. den folgenden Essay (2022) von Randal Grant Kleiser, »Free Ports in the Atlantic World«, https://www.oxfordbibliographies.com/display/document/obo-9780199730414/obo-9780199730414-0357.xml.

18 Gabriel Zucman, *Steueroasen: Wo der Wohlstand der Nationen versteckt wird* (Berlin: Suhrkamp, 2014).

19 Vgl. S. 2 der Transkription von *Tax Me if You Can*, einem Dokumentarfilm aus dem Jahr 2004: www.pbs.org/wgbh/pages/frontline/shows/tax/etc/script.html.

20 Das geht aus einem 2023 vorgelegten Arbeitspapier hervor: Niels Johannesen u. a., »The Offshore World According to FATCA: New Evidence on the Foreign Wealth of U. S. Households«, https://www.irs.gov/pub/irs-soi/23rpfatcaevidenceforeignwealth.pdf.

21 Emmanuel Saez und Gabriel Zucman, *Der Triumph der Ungerechtigkeit: Steuern und Ungleichheit im 21. Jahrhundert* (Berlin: Suhrkamp, 2020).

22 John Guyton, Patrick Langetieg, Daniel Reck, Max Risch und Gabriel Zucman, »Tax Evasion at the Top of the Income Distribution: Theory and Evidence«, NBER Working Paper 28542 (2021), S. 15, http://gabriel-zucman.eu/files/GLRRZ2021.pdf.

23 Die Schätzung stammt von dem Soziologen Matthew Desmond von der Princeton University: Interview mit National Public Radio, 23. März 2023, https://www.npr.org/sections/health-shots/2023/03/21/1164275807/poverty-by-america-matthew-desmond-inequality.

24 Vgl. z. B. die detaillierten globalen Daten in: United Nations Office on Drugs and Crime, *World Drug Report*, https://www.unodc.org/unodc/en/data-and-analysis/world-drug-report-2023.html.

25 Thomas Jefferson, *Autobiography of Thomas Jefferson, 1743–1790* ([1821] (New York: G. P. Putnam's Sons/Knickerbocker Press, 1914), S. 58.

26 Thomas Paine, *The Rights of Man* (London: J. S. Jordan, 1792), Bd. 2.

27 Die Aussage stammt vom Abgeordneten im Repräsentantenhaus Dan V. Stevens aus Nebraska, der sich im Jahr 1913 zu dem Steuergesetz äußerte, das zum 6. Verfassungszusatz wurde: *Congressional Record*, Anhang, 63. Kongress, 1. Sitzung, S. 78–79. Ganz ähnlich äußerten sich drei Jahre später die Abgeordneten William Cox aus Indiana und Samuel J. Tribble aus Georgia, die ebenfalls vor »abnormalen Vermögen« warnten, als die Frage erneut im Repräsentantenhaus zur Sprache kam: *Congressional Record*, Bd. 53, Teil 11, S. 10732, sowie Anhang S. 1529.

28 Für eine Zusammenfassung der einschlägigen Forschung vgl. Thomas Piketty, *Das Kapital im 21. Jahrhundert* (München: C. H. Beck, 2014).

29 Johannesen u.a., »The Offshore World According to FATCA«.

30 Monique Pinçon-Charlot, *Grand Fortunes: Dynasties of Wealth in France* (New York: Algora Publishing, 1998), S. 8.

31 Arthur B. Kennickell, »Ponds and Streams: Wealth and Income in the U.S., 1989 to 2007«, Finance and Economics Discussion Series (Federal Reserve Board, Washington, DC, 2009–13).

32 Gilles Keating, Michael O'Sullivan, Anthony Shorrocks, Jim B. Davies, Rodrigo Lluberas und Antonios Koutsoukis, *Global Wealth Report 2013* (Zürich: Credit Suisse AG, 2013), S. 23.

33 Michael Norton und Dan Ariely, »Building a Better America, One Wealth Quintile at a Time«, in: *Perspectives on Psychological Science* 6 (2011): 9–12.

34 Vgl. Max Weber, *Wirtschaft und Gesellschaft: Grundriß der Soziologie* (1922), http://www.zeno.org/Soziologie/M/Weber,+Max/Grundri%C3%9F+der+Soziologie/Wirtschaft+und+Gesellschaft

35 Vgl. z.B. Diego Gambetta, *Codes of the Underworld* (Princeton: Princeton University Press, 2009).

36 Matthew Desmond, *Poverty, by America*. New York: Random House, 2023), S. 53.

37 Vgl. z.B. Fred Alford, *Whistleblowers: Broken Lives and Organizational Power* (Ithaca: Cornell University Press, 2001).

38 Zu Falciani vgl. Patrick Radden Keefe, »The Bank Robber«, in: *New Yorker*, Mai 2016. Zu Deltour vgl. Simon Bowers, »LuxLeaks Whistleblower Avoids Jail After Guilty Verdict«, in: *Guardian*, 29. Juni 2016.

39 Zu solchen Empfehlungen vgl. Patrick Wintour, »Tax Havens Have No Economic Justification, Say Top Economists«, in: *Guardian*, 9. Mai 2016.

40 Vgl. die Angaben auf der Website der Regierung der Britischen Jungferninseln: https://bvi.gov.vg/content/our-economy.

41 Pritish Behuria, »The Political Economy of a Tax Haven: The Case of Mauritius«, in: *Review of International Political Economy* 30 (2021): 772–800.

42 Robert Sitkoff und Max Schanzenbach, »Jurisdictional Competition for Trust Funds: An Empirical Analysis of Perpetuities and Taxes«, in: *Yale Law Journal*, 115 (2005): 356–437.

43 Für mehr zu dieser Geschichte gescheiterter politischer Initiativen zur Kontrolle des Offshore-Finanzsystems vgl. Zucman, *Steueroasen*, sowie Jason Sharman, *Havens in a Storm: The Struggle for Global Tax Regulation* (Ithaca: Cornell University Press, 2006).

44 Für das Zitat aus dem Rechnungshofbericht und für Daten zu mehr als hundert Ländern, die sich dem CRS angeschlossen haben, vgl. Noam Noked, »Should the United States Adopt CRS?«, in: *Michigan Law Review* (Juli 2019).

45 William Boning u. a., »A Welfare Analysis of Tax Audits Across the Income Distribution«, Juni 2023, https://cdn.policyimpacts.org/cms/Welfare_Audits_ad1284984d.pdf.

46 Vgl. einen Kommentar des Züricher Rechtsanwalts Peter Cotorceanu: »Hiding in Plain Sight: How Non-US Persons Can *Legally* Avoid Reporting Under Both FATCA and GATCA«, in: *Trusts & Trustees* 21 (2015): 1050–63.

47 Zum Rang der Vereinigten Staaten im Financial Secrecy Index 2013 vgl. https://thefactcoalition.org/2013-financial-secrecy-index-released-u-s-still-a-top-offender/.

## Kapitel 2: Das Aufmarschgebiet für den Aufstand der Elite

1 Im *Wall Street Journal* erschien eine Reportage über den Kopfgeldjäger: Margot Patrick, »Jet-Set Debt Collectors Join a Lucrative Game: Hunting the Superrich«, *The Wall Street Journal*, 7. November 2017. Zum Party Circuit des Jetsets vgl. Ashley Mears, *Very Important People: Status and Beauty on the Global Party Circuit* (Princeton: Princeton University Press, 2020).

2 Zu den Skandalen um die Steuervermeidung von Starbucks vgl. »Starbucks to Pay £ 20 m UK Corporate Tax«, in: *Financial Times*, 6. Dezember 2012; Europäische Kommission, »Kommission stellt Unvereinbarkeit der selektiven Steuervorteile für Fiat in Luxemburg und für Starbucks in den Niederlanden mit dem EU-Beihilferecht fest«, Pressemitteilung, 21. Oktober 2015, sowie Liz Alderman, »European Inquiry Focuses on a Mysterious Starbucks Business«, in: *New York Times*, 21. Oktober 2015. Zu Schultz' Einkommen vgl. Anders Melin und Jeremy Diamond, »How Howard Schultz Earned More Than Half a Billion Dollars in Nine Years«, Bloomberg, 31. Januar 2017.

3 Edward Luce, »Beware Elon Musk's Warped Libertarianism«, in: *Financial Times*, 24. Mai 2023.

4 Chris Isidore, »Here's How Elon Musk's Fortune Has Benefited from Taxpayer Help«, CNN Business, 14. November 2021.

5 Bess Levin, »Elon Musk Throws a S--t Fit over the Possibility of Being Taxed His Fair Share«, in: *Vanity Fair*, 27. Oktober 2021.
6 Luce, »Beware Elon Musk's Warped Libertarianism«.
7 Die Metapher vom Zechpreller verwendete ich erstmals in einem in der *New York Times* erschienenen Meinungsartikel über die Offenlegung der Steuererklärungen des damaligen Präsidenten Donald Trump: »Trump's Tax Avoidance Is a Tax on the Rest of Us«, in: *New York Times*, 30. September 2020.
8 Vgl. Kojo Koram, *Uncommon Wealth: Britain and the Aftermath of Empire* (London: John Murray, 2022), sowie Michael Craton und Gail Saunders, *Islanders in the Stream: A History of the Bahamian People*, Bd. 2, *From the Ending of Slavery to the Twenty-First Century* (Athens: University of Georgia Press, 2011).
9 Raymond Craib, *Adventure Capitalism: A History of Libertarian Exit, from the Era of Decolonization to the Digital Age* (Oakland: PM Press, 2022), S. 198.
10 Für eine ausgezeichnete Geschichte der Piraterie s. Mark Hanna, *Pirate Nests and the Rise of the British Empire, 1570–1740* (Chapel Hill: University of North Carolina Press, 2017).
11 Den Wirtschaftssoziologen ist bewusst, dass die Märkte oft nicht so funktionieren. Für einen Überblick über die klassische Wirtschaftstheorie und eine soziologische Antwort vgl. Adam Goldstein and Charlie Eaton, »Asymmetry by Design? Identity Obfuscation, Reputational Pressure, and Consumer Predation in U.S. For-Profit Higher Education«, in: *American Sociological Review* 86, Nr. 5 (2021): 896–933.
12 Vgl. Kapitel 4 in meinem Buch *Capital Without Borders: Wealth Managers and the One Percent* (Cambridge: Harvard University Press, 2016).
13 Vgl. Peter Thiel, »Competition is for losers«, in: *Wall Street Journal*, 12. September 2014, https://www.wsj.com/articles/peter-thiel-competition-is-for-losers-1410535536. Für mehr zu seinen Bemühungen um die Gründunge neuer Steueroasen vgl. Laurie Clarke, »Crypto Millionaires Are Pouring Money into Central America to Build Their Own Cities«, in: *MIT Technology Review*, 20. April 2022. Vgl. auch Tara Loader Wilkinson, »Seasteads: Self-Isolation for the Ultra-Wealthy«, in: *Billionaire*, 20. Juni 2020. Im Jahr 2019 erklärte Thiel in einer Rede in der Denkfabrik Manhattan Institute: »Mir würde es gefallen, wenn die Vereinigten Staaten eine Steueroase wären. […] Mit dieser Frage sollten wir uns unbedingt beschäftigen.« Die vollstän-

dige Niederschrift seines Vortrags findet sich hier: https://manhattan.institute/event/2019-wriston-lecture-peter-thiel.

14 Anastasia Nesvetailova und Ronen Palan, *Sabotage: The Hidden Nature of Finance* (Washington, DC: PublicAffairs, 2020.)

15 Zum Zusammenbruch der Hedgefonds von Bear Stearns auf den Cayman Islands vgl. https://www.reuters.com/article/us-bearstearns-arbitration/bear-stearns-faces-new-round-of-hedge-fund-claims-idUSN0554400820071205. Zum Zusammenhang mit der Finanzkrise vgl. Clea Bourne und Lee Edwards, »Producing Trust, Knowledge and Expertise in Financial Markets: The Global Hedge Fund Industry ›Represents‹ Itself«, in: *Culture and Organization* 18 (2014): 107–22. Für einen Überblick über die meisten dieser Fragen vgl. https://www.dollarsandsense.org/archives/2009/0509keeler.html.

16 http://web.mit.edu/Alo/www/Papers/testimony2009.pdf; vgl. auch die Darstellung der Beiträge der Hedgefonds zur Finanzkrise durch den Ökonomen Reint Gropp: https://www.frbsf.org/economic-research/publications/economic-letter/2014/april/hedge-fund-risk-measurement-spillover-economic-crisis/.

17 Vgl. diese Untersuchung des IWF: https://www.imf.org/external/pubs/ft/wp/2010/wp1047.pdf.

18 James Gallagher, »Recession ›Led to 10,000 Suicides‹«, BBC News, 12. Juni 2014.

19 Phillip Inman, »Wall Street Bonuses Under Fire«, in: *Guardian*, 30. Juli 2009.

20 Zu dem einzigen verurteilten Banker vgl. Jesse Eisinger, »Why Only One Top Banker Went to Jail for the Financial Crisis«, in: *New York Times*, 30. April 2014; zum Nettoverlust der amerikanischen Steuerzahler vgl. Renae Merle, »A Guide to the Financial Crisis – Ten Years Later«, in: *Washington Post*, 10. September 2018.

21 Zur Schätzung der Federal Reserve vgl. Jeanna Smialek, »The Financial Crisis Cost Every American $70,000, Fed Study Says«, Bloomberg, 13. August 2018.

22 Zur Verschiebung der Risiken vgl. Dean Curran, »Risk Mismatches and Inequalities: Oil and Gas and Elite Risk-Classes in the U.S. and Canada«, in: *Sociologica* 15, Nr. 2 (2021): 57–74.

23 Michael Harrington, *The Other America* (New York: Macmillan, 1962).

24 Zur Vermeidung der Verantwortung für waghalsige Risiken vgl. An-

thony Giddens, »Risk and Responsibility«, in: *Modern Law Review* 62 (1999): 1–10.

25 Vgl. z.B. Quinn Slobodian, *Kapitalismus ohne Demokratie: Wie Marktradikale die Welt in Mikronationen, Privatstädte und Steueroasen zerlegen wollen* (Berlin: Suhrkamp, 2023).

26 Vgl. zum Beispiel die folgende Rezension: https://routledgehandbooks.com/doi/10.4324/9781315142876-3.

27 C. Wright Mills, *The Power Elite* (New York: Oxford University Press, 1956), S. 105.

28 Lucas Chancel und Thomas Piketty, »Global Income Inequality, 1820–2020: The Persistence and Mutation of Extreme Inequality«, in: *Journal of the European Economic Association* 19, Nr. 6 (2021): 3025–62.

29 Max Weber, *Grundriß der Soziologie*, S. 643, http://www.zeno.org/Soziologie/M/Weber,+Max/Grundri%C3%9F+der+Soziologie/Wirtschaft+und+Gesellschaft/Zweiter+Teil.+Die+Wirtschaft+und+die+gesellschaftlichen+Ordnungen+und+M%C3%A4chte/Kapitel+IX.+Soziologie+der+Herrschaft/4.+Abschnitt.+Feudalismus,+%C2%BBSt%C3%A4ndestaat%C2%AB+und+Patrimonialismus.

30 Vgl. Timur Kuran, »Why the Middle East Is Economically Underdeveloped: Historical Mechanisms of Institutional Stagnation«, in: *Journal of Economic Perspectives* 18 (2004): 71–90.

31 Vgl. meinen Artikel »Trusts and Financialization«, in: *Socio-Economic Review*, 2017, https://academic.oup.com/ser/article/15/1/31/2890791.

32 Zitiert in: Austin Mitchell, Prem Sikka, John Christensen, Philip Morris und Steven Filling, *No Accounting for Tax Havens* (Basildon: Association for Accountancy & Business Affairs, 2002).

33 Leah McGrath Goodman, »Inside the World's Top Offshore Tax Shelter«, in: *Newsweek*, 16. Januar 2014.

34 Oliver Bullough, »The Fall of Jersey: How a Tax Haven Goes Bust«, in: *Guardian*, 8. Dezember 2015. Vgl. auch Helen Pidd, »Jersey's ›Secrecy Culture‹ Led to My Suspension, Says Former Police Chief«, in: *Guardian*, 12. Juni 2012.

35 Nicholas Shaxson, *Treasure Islands: Tax Havens and the Men Who Stole the World* (New York: Macmillan, 2014), S. 190.

36 Zu Russland und Südafrika vgl. Bullough, »The Fall of Jersey«; zu Abacha vgl. »Sani Abacha: The Hunt for the Billions Stolen by Nigeria's Ex-leader«, BBC News, 27. Januar 2021.

37 »Looking into a Black Hole«, in: *Jersey Evening Post*, 13. Mai 2015.

38 Vgl. Craib, *Adventure Capitalism*.

39 Koram, *Uncommon Wealth*, S. 176.

40 Ryan Cooper, »Tax Cheats Fuel Right-Wing Extremism Around the World«, in: *The Week*, 4. Oktober 2021.

41 Zu den Offshore-Vermögen vgl. Luke Harding, »Offshore Secrets of Brexit Backer Arron Banks Revealed in Panama Papers«, in: *Guardian*, 1. Oktober 2016. Zur illegalen ausländischen Einflussnahme vgl. Paul Waldie, »Fears of Russian Brexit Meddling Prompt Probe of British Businessman Arron Banks«, in: *Globe and Mail*, 1. November 2017.

42 Die Existenz von Mercers 60-Millionen-Dollar-Offshore-Fonds, mit dem rechtsextreme politische Vorhaben finanziert werden sollten, kam im Jahr 2017 in den *Paradise Papers* ans Licht; der Journalist Jon Swaine vom *Guardian* bezeichnete den Fonds kurz nach dem Durchsickern der *Paradise Papers* als »Kriegskasse«: »Offshore Cash Helped Fund Steve Bannon's Attacks on Hillary Clinton«, 7. November 2017. Für Details zu Mercers Finanzhilfe und der Brexit-Kampagne vgl. das Interview, das Terry Gross 2018 für NPR mit der britischen Journalistin Carole Cadwalladr führte, die über den gezielten Einsatz von Facebook-Daten durch Mercers Datenanalysefirma in der Brexit-Kampagne und im amerikanischen Präsidentschaftswahlkampf des Jahres 2016 berichtet hatte: »Reporter Shows the Links Between the Men Behind Brexit and the Trump Campaign«, 19. Juli 2018.

43 Umberto Bacchi, »Panama Papers: France's Le Pen Dynasty, Butlers and Gold Ingots Linked to Mossack Fonseca Leak«, in: *International Business Times*, 5. April 2016.

44 Jon Henley, »Marine Le Pen promises Liberation from the EU with France-First Policies«, in: *Guardian*, 5. Februar 2017.

45 Andrew Rettman, »Illicit Russian Billions Pose Threat to EU Democracy«, in: *EUobserver*, 21. April 2017.

46 Casey Michel, *American Kleptocracy* (New York: St. Martin's, 2021).

47 Für einen Überblick vgl. Brooke Harrington, »›Aristocrats Are Anarchists‹: Why the Wealthy Back Trump and Brexit«, in: *Guardian*, 7. Februar 2019.

48 Vgl. den Bericht des Justizministeriums vom 29. September 2022: https://www.justice.gov/opa/pr/russian-oligarch-oleg-vladimirovich-deripaska-and-associates-indicted-sanctions-evasion-and. Vgl. auch einen Bericht des Justizministeriums vom 11. Oktober 2022: https://www.justice.gov/opa/pr/uk-businessman-graham-bonham-carter-indicted-sanctions-evasion-benefitting-russian-oligarch.

49 Eine gute Quelle zu den Geldwäschezentren ist das Organized Crime

and Corruption Reporting Project (OCCRP): https://www.occrp.org/en/the-proxy-platform/the-proxy-platform.

50 Für Details zu dieser Berechnung und eine länderübergreifende Analyse vgl. Annette Alstadsæter, Niels Johannesen und Gabriel Zucman, »Who Owns the Wealth in Tax Havens?«, in: *Journal of Public Economics* 162 (2018): 89–100.

51 Vgl. eine eingehende Studie von OCCRP: https://www.occrp.org/en/russianlaundromat/.

52 Luke Harding, »The Global Laundromat: How Did It Work and Who Benefited?«, in: *Guardian*, 20. März 2017. Vgl. auch das OCCRP-Update aus dem Jahr 2021: https://www.occrp.org/en/daily/14073-moscow-court-sentences-banker-in-russian-laundromat-case.

53 Vgl. z. B. Piotr Smolar, »The US Is Fighting the Other ›War‹ Against Russia Through Offshore Accounts, Villas and Yachts«, in: *Le Monde*, 29. Januar 2023.

54 »Putin's Asymmetric Assault on Democracy in Russia and Europe«, https://www.govinfo.gov/content/pkg/CPRT-115SPRT28110/html/CPRT-115SPRT28110.htm.

55 Craib, *Adventure Capitalism*, S. 5.

56 Für mehr dazu vgl. Craib, *Adventure Capitalism*, sowie Slobodian, *Kapitalismus ohne Demokratie*.

57 Für das Zitat aus dem STEP-Lehrbuch vgl. Michael Parkinson und Dai Jones, *Trust Administration and Accounts* (Birmingham: Central Law Training, 2008), S. 267.

58 Nicholas Shaxson, *Treasure Islands: Tax Havens and the Men Who Stole the World* (New York: Macmillan, 2014), S. 185.

59 Vgl. Hans-Hermann Hoppe, *Democracy: The God That Failed* (New Brunswick: Transaction Publishers, 2001), insb. S. 211.

60 George Monbiot, »Our Economic Ruin Means Freedom for the Super-Rich«, in: *Guardian*, 30. Juli 2012.

61 Will Fitzgibbon, »As Kenyan President Mounted Anti-Corruption Comeback, His Family's Secret Fortune Expanded Offshore«, International Consortium of Investigative Journalists, 3. Oktober 2021.

62 Peter Thiel, »The Education of a Libertarian«, Cato Institute, 13. April 2009; https://www.cato-unbound.org/2009/04/13/peter-thiel/education-libertarian/.

63 Zitiert in: Jane Mayer, »The Reclusive Hedge Fund Tycoon Behind the Trump Presidency«, in: *New Yorker*, 17. März 2017.

64 Bruno Cousin und Sébastien Chauvin, »Is There a Global Super-Bourgeoisie?«, in: *Sociology Compass* 15 (2021).

65 Berühmt wurde diese Phrase im Jahr 2005, als die Finanzanalysten Ajay Kapur, Niall MacLeod und Narendra Singh sie in einer Mitteilung an die Investoren der Citigroup verwendeten: https://delong.typepad.com/plutonomy-1.pdf.

66 Zum gesellschaftlichen Leben der Angehörigen der Elite und zu ihrer Neigung, sich in denselben Gemeinden anzusiedeln, vgl. Michael Useem, *The Inner Circle* (New York: Oxford University Press, 1984). Zu Heiraten untereinander und Geselligkeit vgl. Michel Pinçon und Monique Pinçon-Charlot, *Grand Fortunes: Dynasties of Wealth in France* (New York: Algora Publishing, 1998).

67 Zitiert in: Chrystia Freeland, »The Rise of the New Global Elite«, in: *Atlantic*, Januar/Februar 2011.

68 Rozina Sabur, »US Tech Mogul Using 17-Year-Old Son's Blood in Effort to Stay Young«, in: *Telegraph*, 23. Mai 2023.

69 »Peter Thiel's 6 Favorite Books That Predict the Future«, in: *The Week*, 2. Mai 2016.

70 James Dale Davidson und William Rees-Mogg, *The Sovereign Individual* (London: Macmillan, 1997), S. 20.

## Kapitel 3: Zombiekapitalismus

1 Die Inka finanzierten ihre ehrgeizigen Bauvorhaben mit einem Steuersystem von erbarmungsloser Effizienz, das sogar die ärmsten Mitglieder der Gesellschaft auspresste, die den Steuereintreibern sogar ihre Kopfläuse überlassen mussten. Dieses und andere Details der Verwaltung des Inkareichs finden sich in *Comentarios Reales de los Incas* (1609) von Inca Garcilaso de la Vega, einem direkten Abkömmling der Königsfamilie von Cusco. Er war der erste Mestize in den spanischen Kolonien in Südamerika, dessen Schriften veröffentlicht wurden. Für eine deutsche Übersetzung vgl. Garcilaso de la Vega, *Wahrhaftige Kommentare zum Reich der Inka* (Berlin: Rütten & Loening, 1983).

2 Ronen Palan, »The Second British Empire and the Re-emergence of Global Finance«, in: Sandra Halperin und Ronen Palan (Hg.), *Legacies of Empire: Imperial Roots of the Contemporary Global Order* (Cambridge: Cambridge University Press, 2015), S. 46–68.

3 Elizabeth Paton, »Sexy Fish Caters to London's Stateless Super-Rich«, in: *New York Times*, 13. Dezember 2015.
4 Robin D.G. Kelley, »A Poetics of Anticolonialism«, Einleitung zu Aimé Césaire, *Discourse on Colonialism* (New York: Monthly Review Press, 2000), S. 27.
5 Für eine vorzügliche Arbeit über Marx, den Autor von Horrorschockern, der sich zum politischen Ökonomen wandelte, vgl. Ann Cvetkovich, *Mixed Feelings: Feminism, Mass Culture, and Victorian Sensationalism* (New Brunswick: Rutgers University Press, 1992). Marx vergleicht die Funktionsweise des Kapitalismus in *Das Kapital* wiederholt mit der Lebensweise eines Vampirs. Es wird angenommen, dass er von den volkstümlichen deutschen Vampirgeschichten aus dem 18. Jahrhundert und der ein Jahr nach seiner Geburt erschienenen klassischen Schauergeschichte »Der Vampir« von John Polidori inspiriert wurde.
6 Césaire, *Discourse on Colonialism*, S. 76.
7 Für eine vorzügliche Geschichte des Wettbewerbs zwischen britischen und amerikanischen Banken um die wirtschaftliche Kontrolle über die Karibik vgl. Peter Hudson, *Bankers and Empire: How Wall Street Colonized the Caribbean* (Chicago: University of Chicago Press, 2017).
8 Eine kurzlebige Ausnahme war Tanger, das zeitweise unter spanischer und französischer Herrschaft stand und sich Mitte des 20. Jahrhunderts in eine Freihandelszone verwandelte. Diesen Status verlor es mit der Eingliederung in Marokko im Jahr 1956. Für eine knappe Darstellung vgl. Vanessa Ogle, »›Funk Money‹: The End of Empires, the Expansion of Tax Havens, and Decolonisation as an Economic and Financial Event«, in: *Past & Present* 249, Nr. 1 (2020): 213–49.
9 Koram, *Uncommon Wealth*, S. 186.
10 Für mehr Information dazu vgl. Koram, *Uncommon Wealth*.
11 Edwin Perkins, *The Economy of Colonial America* (New York: Columbia University Press, 1988), S. 187.
12 Für Daten und Analysen zur Besteuerung in den spanischen Kolonien vgl. Alejandra Irigoin, »Representation Without Taxation, Taxation Without Consent: The Legacy of Spanish Colonialism in America«, in: *Revista de Historia Economica – Journal of Iberian and Latin American Economic History* 34 (2016): 169–208.
13 Der Ausdruck stammt aus Greta Krippner, »The Financialization of the American Economy«, in: *Socio-Economic Review* 3 (2005): 173–208.

14 Graham Moffat, *Trust Law: Text and Materials* (Cambridge: Cambridge University Press, 2009), S. 5.
15 Vgl. Kapitel 4 meines 2016 erschienen Buchs *Capital Without Borders* sowie einen Artikel von John Langbein, einem emeritierten Professor an der Yale Law School: »The Secret Life of the Trust: The Trust as an Instrument of Commerce«, in: *Yale Law Journal* 107 (1997): 165–89.
16 Für eine eingehende Analyse von Ursprüngen und Einsatzgebieten von Trusts vgl. Brooke Harrington, »Trusts and Financialization«, in: *Socio-Economic Review* 15 (2017): 31–63.
17 Koram, *Uncommon Wealth*, S. 163.
18 Für eine umfassendere Untersuchung dieser zufälligen und historisch kontingenten Entwicklung vgl. Ronen Palan, *The Offshore World* (Ithaca: Cornell University Press, 2006).
19 Zum Höchstbetrag von 50 Pfund vgl. die Niederschrift einer Parlamentsdebatte aus dem Jahr 1969: https://api.parliament.uk/historic-hansard/commons/1969/jun/30/foreign-travel-allowance-lb50-limit. Zur Beschränkung der Übertragung von ausländischen Immobilien vgl. Joseph P. Collins, »British Abolish Controls on Foreign Currency«, 24. Oktober 1979.
20 Die Schilderungen von Howard Marks sind zitiert in: Ioan Grillo, »How Howard Marks Helped Revolutionize the Drug Trade«, in: *Time*, 12. April 2016. Für Beispiele von Briten, die in den siebziger Jahren beim Versuch ertappt wurden, die Devisenverkehrsbeschränkungen zu umgehen, indem sie nicht deklariertes Bargeld aus dem Land schafften, vgl. Clyde Farnsworth, »Flood of Smuggled Cash Is Enriching Swiss Banks«, in: *New York Times*, 11. Mai 1976.
21 Zum Kolonisierungsmuster Spaniens vgl. Matthew Lange, James Mahoney und Matthias vom Hau, »Colonialism and Development: A Comparative Analysis of Spanish and British Colonies«, in: *American Journal of Sociology* 111, Nr. 5 (2006): 1412–62. Zur deutschen Kolonialgeschichte vgl. George Steinmetz, »The Colonial State as a Social Field: Ethnographic Capital and Native Policy in the German Overseas Empire Before 1914«, in: *American Sociological Review* 73 (2008): 589–612.
22 Lange u. a., »Colonialism and Development«, S. 1428.
23 Vgl. Ogle, »›Funk Money‹: The End of Empires«, für eine eingehende Diskussion.
24 Für eine Darstellung dieser Zeit vgl. Walkers Memoiren, *From Georgetown to George Town: A Personal History of William Stuart*

*Walker and His Part in Beginning of the Cayman Islands as an Offshore Financial Center* (Davie: JPSC, 2012).

25 Nach Angaben des U.S. Bureau of International Narcotics and Law Enforcement Affairs, *International Narcotics Control Strategy Report*, Bd. 2: *Money Laundering and Financial Crimes, Turks and Caicos* (Washington, DC: U.S. Department of State, 2014).

26 Trevor Cole, »How I Learned to Avoid the Taxman in the British Virgin Islands«, in: *Globe and Mail*, 27. Januar 2011.

27 Das Zitat stammt von Sir Douglas Jardine, dem ehemaligen Gouverneur mehrerer britischer Kolonialgebiete, darunter Britisch-Somaliland, Borneo und die Leeward-Inseln – eine karibische Inselkette, zu der auch die heutigen Britischen Jungferninseln gehören. Seine Aussage stammt aus der Rezension von *The Virgin Islands* von Luther H. Evans, erschienen im *Journal of Comparative Legislation and International Law*, 29, Nr. 3–4 (1947): 69.

28 Für die Zahl von 40 Prozent vgl. Emile van der Does de Willebois, Emily M. Halter, Robert A. Harrison, Ji Won Park und J.C. Sharman, *The Puppet Masters: How the Corrupt Use Legal Structures to Hide Stolen Assets and What to Do About It* (Washington, DC: World Bank, 2011).

29 Ebd.

30 Für die Zitate zum »radikalen« Gesetz, zum »rückständigen« Land und zum »quasireligiösen Text« vgl. Colin Riegels, »The BVI IBC Act and the Building of a Nation«, in: *IFC Review*, 1. März 2014.

31 Humphry Leue, »British Virgin Islands: The BVI International Business Company at the Crossroads«, in: *IFC Review*, 16. Dezember 2004.

32 Tony Freyer und Andrew Morriss, »Creating Cayman as an Offshore Financial Center: Structure and Strategy Since 1960«, in: *Arizona State Law Journal* 45 (2013): 1297–1396. Vgl. auch Steve Lohr, »Where the Money Washes Up«, in: *New York Times*, 29. März 1992.

33 Das Zitat der Aussage über das »Wirtschaftswunder« stammt aus Lohr, »Where the Money Washes Up«. Für die Geschichte des Ritterschlags vgl. Walker, *From Georgetown to George Town*.

34 Vgl. »Milton Grundy, Lawyer Who Pioneered Offshore Tax Havens and Philanthropist Who Set Up a Gallery in His Own Home for Promising Artists«, in: *Telegraph*, 8. Januar 2023.

35 Jacques Peretti, »The Cayman Islands: Home to 100,000 Companies and the £8.50 Packet of Fish Fingers«, in: *Guardian*, 18. Januar 2016.

36 Raymond Craib, *Adventure Capitalism: A History of Libertarian Exit,*

*from the Era of Decolonization to the Digital Age* (Oakland: PM Press, 2022), S. 93.

37 Richard Oulahan und William Lambert, »The Scandal in the Bahamas«, in: *Life*, 3. Februar 1967, S. 64.

38 Diese historische Charakterisierung stammt vom Grand Bahama Museum in der Abteilung »Eine gezähmte Wildnis«.

39 Craib, *Adventure Capitalism*, S. 95.

40 Für einen kurzen historischen Überblick vgl. Ralph Deans, »History and Success – Financial Services Evolution«, in: *Bahamas Investor Magazine*, 23. Juni 2009.

41 Oulahan und Lambert, »The Scandal in the Bahamas«, S. 65.

42 Das Zitat stammt aus Deans, »History and Success«.

43 Den Begriff der »kreativen Einhaltung der Vorschriften« prägte die Rechtswissenschaftlerin Doreen McBarnet von der Oxford University in »Legitimate Rackets: Tax Evasion, Tax Avoidance, and the Boundaries of Legality«, in: *Journal of Human Justice*, 3 (1992): 56–74.

44 Brandan Adams, »The Real McCoy«, Mariners' Museum and Park, 14. November 2022.

45 Für einen kurzen historischen Überblick vgl. Joseph Thorndike, »In the 1930s, the Bahamas Became a Tax Problem for the Treasury«, in: *Forbes*, 24. Juni 2021.

46 Craib, *Adventure Capitalism*, S. 93. Vgl. auch Anthony Audley Thompson, *An Economic History of the Bahamas* (Nassau: Commonwealth Publications, 1979).

47 Thompson, *An Economic History of the Bahamas*, S. 82.

48 *Discourse on Colonialism*, S. 76.

49 Zum Kanadier Louis Chesler und seinen Verbindungen zur Mafia vgl. »The Charges Against Resorts«, in: *New York Times*, 4. März 1979. Zum Schweizer Bankier Alber Leschevin vgl. die folgende kurze Darstellung des Grand Bahama Museum: https://www.grandbahamamuseum.org/lives-lived/alber-leschevin.

50 Vgl. Oulahan und Lambert, »The Scandal in the Bahamas«, S. 64.

51 Das Zitat stammt aus Michael Craton und Gail Saunders, *Islanders in the Stream: A History of the Bahamian People*, Bd. 2: *From the Ending of Slavery to the Twenty-First Century* (Athens: University of Georgia Press, 2011), S. 324. Für mehr zur Aneignung der Souveränität als prägendes Ereignis in der Kolonisierung vgl. Steinmetz, »The Colonial State as a Social Field«.

52 Oulahan und Lambert, »The Scandal in the Bahamas«, S. 69.

53 Steven Press, *Rogue Empires* (Cambridge: Harvard University Press, 2017).

54 Robert Reno, »Suit Challenges Bahamas Land Title«, in: *Miami Herald*, 20. Dezember 1967.

55 Oulahan und Lambert, »The Scandal in the Bahamas«, S. 69. Für eine kurze Geschichte der Ostindien-Kompanie und ihrer Rolle in der Errichtung des britischen Empire vgl. Emily Erikson und Peter Bearman, »Malfeasance and the Foundations for Global Trade: The Structure of English Trade in the East Indies«, in: *American Journal of Sociology* 112, Nr. 1 (2006): 195–230.

56 Craig Wolff, »Wallace Groves Is Dead at 86; Developer of Resort in Bahamas«, Nachruf, in: *New York Times*, 1. Februar 1988.

57 Für eine zusammenfassende Darstellung dieser Geschichte, die mit Primärquellen illustriert ist, vgl. die Website des Grand Bahama Museum und den Abschnitt »Creation of the Grand Bahama Port Authority«.

58 Tony Doggart, *Tax Havens and Offshore Funds* (London: Economist Intelligence Unit, 1971), S. 44.

59 Aus der alle zwei Jahre erscheinenden Wirtschafts- und Tourismuspublikation *What to Do: Nassau, Freeport* (Nassau: Etienne Dupuch Jr Publications, Juli–Dezember 1975), S. 4.

60 Für den Wert von 85 Prozent vgl. »The Trust Companies«, in: *Bahamas Handbook and Businessman's Annual, 1975–76* (Nassau: Etienne Dupuch Jr Publications, 1975). Für die übrigen Daten vgl. »Financial Survey of the Bahamas Now: An Interview with the Governor of the Bahamas Central Bank«, in: *Bahamian Review* 23, Nr. 11–12 (November–Dezember 1975).

61 Vgl. *Bahamian Review* 23, Nr. 11–12 (November–Dezember 1975): 11.

62 Oliver Gibson, »A Guide to the Bahamas as a Leading Tax Haven«, in: *Bahamas Handbook and Businessman's Annual, 1978–79* (Nassau: Dupuch Publications), S. 199.

63 Für weitere Beispiele für »freiberufliche Imperialisten« vgl. Hudson, *Bankers and Empire*, sowie Craib, *Adventure Capitalism*.

64 Jessie Williams, »Five Reasons to Live in the Bahamas«, in: *Financial Times*, 13. Januar 2019. Für den Wert von 20 Prozent vgl. Deans, »History and Success«.

65 Aus: Gail Saunders, *Race and Class in the Colonial Bahamas, 1880–1960* (Gainesville: University Press of Florida, 2016).

66 Beschrieben in Craib, *Adventure Capitalism*.

67 William Cartwright, »Letter from the Editor: Royal Recognition for Freeport«, in: *Bahamian Review* 7, Nr. 7 (Juli–August 1965), S. 4; https://www.grandbahamamuseum.org/images/pdfs/gbm-bahamian-review-vol7-no7-jul-aug-1965.pdf.

68 »Investors Watching Bahamas Will Suit«, in: *Fort Lauderdale News*, 20. Dezember 1967. Gesamter Text hier: https://bahamianology.com/savaletta-hanna-forged-will-of-black-illiterate-poor-farmer-and-land-you-know-how-it-ends-freeport-1967/.

69 Gordon Lewis, *The Growth of the Modern West Indies* (Kingston: Ian Randle Publishers, 2004), S. 337.

70 Für Details zu Brooke vgl. Press, *Rogue Empires*. Für mehr zu Labuan vgl. Mia Lamar, »The Tiny Malaysian Island That Wants to Be a Tax Haven«, in: *Wall Street Journal*, 2. Juni 2016.

## Kapitel 4: Das Paradox des Überflusses

1 Vgl. z. B. Richard Auty, *Sustaining Development in Mineral Economies: The Resource Curse Thesis* (New York: Routledge, 1993).

2 Terry Karl, *The Paradox of Plenty: Oil Booms and Petro-States* (Berkeley: University of California Press, 1997).

3 Vgl. Nick Shaxson, *The Finance Curse: How Global Finance Is Making Us All Poorer* (New York: Grove, 2019).

4 Kojo Koram, *Uncommon Wealth: Britain and the Aftermath of Empire* (London: John Murray, 2022), S. 186.

5 Oliver Bullough, *Butler to the World* (London: Profile Books, 2022), S. 155.

6 In einem Artikel habe ich mich eingehender mit dem Konzept des »Straflosigkeitsstrebens« im amerikanischen Kontext beschäftigt: Brooke Harrington, »Trump's Very Ordinary Indifference to the Common Good«, in: *The Atlantic*, 10. Oktober 2020.

7 Nicholas Shaxson, »The Truth About Tax Havens«, in: *Guardian*, 8. Januar 2011.

8 Alle zitierten Beschreibungen der Firma sind auf der Homepage von Harry B. Sands, Lobosky & Company zu finden: www.hbslaw.com. Alle Aussagen über den Firmengründer Harry B. Sands sind auf derselben Website in der Rubrik »Tribute: Harry B. Sands« zu finden: www.hbslaw.com/about-the-practice/tribute-harry-b-sands.

9 Sowohl die Geschichte über die »Betonschuhe« als auch die des Schweizer Whistleblowers stammen aus Shaxson, »The Truth About Tax Havens«.

10 Jerome Taylor und Peter Bild, »WikiLeaks to ›Disclose Tax Dodge Files‹«, in: *Independent*, 17. Januar 2011.

11 Vgl. Shaxson, »The Truth About Tax Havens«.

12 Jon Wertheim, »Inside the Corruption Allegations Plaguing Malta«, in: *60 Minutes*, 16. August 2020.

13 Aus Daphne Caruana Galizias Blog *Running Commentary*, 16. Oktober 2017. Der Titel des Beitrags lautete: »That Crook Schembri Was in Court Today, Pleading That He Is Not a Crook«.

14 Oren Gruenbaum, »Malta: Muscat Resigns After Protests over Caruana Galizia Assassination«, in: *Roundtable: The Commonwealth Journal of Current Affairs*, 20. Januar 2020.

15 Alexander Clapp, »The Prime Minister and the Murdered Journalist: Inside Malta, a Nation on the Brink«, in: *Economist*, 11. Dezember 2019.

16 Pritish Behuria, »The Political Economy of a Tax Haven: The Case of Mauritius«, in: *Review of International Political Economy* 30, Nr. 2 (2022): 772–800.

17 U.S. Department of State, *2017 Country Reports on Human Rights Practices: Mauritius*, https://www.state.gov/reports/2017-country-reports-on-human-rights-practices/mauritius/. Vgl. auch Jean Paul Arouff, »Mauritius Police Search Journalists' Homes After Money Laundering Story«, Reuters, 25. September 2017.

18 Will Fitzgibbon, »Tax Haven Mauritius' Rise Comes at the Rest of Africa's Expense«, International Consortium of Investigative Journalists, 7. Dezember 2017.

19 Ebd.

20 Colin Riegels, »The BVI IBC Act and the Building of a Nation«, in: *IFC Review*, 1. März 2014.

21 Dies berichtete ein von mir interviewter Vermögensverwalter, der dort arbeitete; vgl. Brooke Harrison, *Capital Without Borders* (Cambridge: Harvard University Press, 2016), S. 139.

22 Melanie Paulick, »British Virgin Islands Governor Begins Corruption Inquiry with Support of UK«, in: *Jurist*, 20. Januar 2021.

23 Tahira Mohamedbhai, »Report Reveals British Virgin Islands Government Corruption, Suggests Constitutional Suspension«, in: *Jurist*, 30. April 2021.

24 Vimal Patel, »Premier of British Virgin Islands Arrested on Drug Trafficking Charges in U. S.«, in: *New York Times*, 28. April 2022.

25 Der vollständige Titel lautete »Trust and Estate Planning: The Emergence of a Profession and Its Contribution to Socioeconomic Inequality«; der Artikel erschien in *Sociological Forum* 27 (2012): 825–46.

26 Vgl. Steven Morris, »How ›House of Horror‹ Investigation Brought Jersey Abuse to Light«, in: *Guardian*, 3. Juli 2017.

27 Für eine Zusammenfassung der Berichterstattung vor Goodmans Ankunft in Jersey vgl. Bullough, *Butler to the World*.

28 Helen Pidd, »Jersey's ›Secrecy Culture‹ Led to My Suspension, Says Former Police Chief«, in: *Guardian*, 12. Juni 2012.

29 Jerome Taylor, »MP Gives Asylum to Jersey Whistle-Blower«, in: *Independent*, 26. Oktober 2009.

30 Die von Goodman erzählte und von zahlreichen Medien übernommene Geschichte belegt die Macht der Offshore-Finanzindustrie: https://leahmcgrathgoodman.com/anarchy-in-the-uk/.

31 Für mehr Information zu dem Skandal vgl. »Deals Dishonour the Country«, in: *Cook Islands News*, 19. Juli 2013.

32 Vgl. Anthony van Fossen, »Money Laundering, Global Financial Instability, and Tax Havens in the Pacific Islands«, in: *Contemporary Pacific* 15 (2003): 237–75, insb. S. 259.

33 Sophie Kesteven, »El Chorrillo Bears the Scars of a US Invasion and Gang Violence, but Amid the Heartache, There's Hope«, Australian Broadcasting Corporation, 22. Mai 2020.

34 Cristina Guevara, »In Panama, Protesters Want Deeper Reform«, in: *Americas Quarterly*, 1. August 2002.

35 Beruhend auf einer Analyse von Daten der amerikanischen Börsenaufsicht SEC (U. S. Securities and Exchange Commission) aus dem Jahr 2019, https://www.sec.gov/Archives/edgar/data/76027/000119312520249543/d20553dex99d.htm.

36 Vgl. Marcelo Justo, »¿Cuáles Son los 6 Países Más Desiguales de América Latina?«, BBC Mundo, 9. März 2016.

37 Stephanie Ott, »Worlds Apart: Panama's Indigenous and the Panama Papers«, Al Jazeera, 9. April 2016.

38 Zitiert in: Jason Beaubien, »Panama Booms While Poor Watch from Afar«, in: *All Things Considered*, NPR, 16. April 2012.

39 Tracy Wilkinson, »Skilled Foreigners Flood Panama, Leaving Many Residents Without Jobs«, in: *Los Angeles Times*, 19. Juni 2015.

40 Nick Van Mead und Jo Blason, »The Ten World Cities with the Highest Murder Rates – in Pictures«, in: *Guardian*, 24. Juni 2014.
41 Koram, *Uncommon Wealth*, S. 5.
42 Vgl. David Davis, »Democracy Is at Risk; We Can't Let Oligarchs Exploit British Courts to Silence Their Critics«, in: *Guardian*, 29. November 2022.
43 Die Rede von Innenministerin Priti Patel vor dem Unterhaus ist zitiert in »Patel Criticises ›Gangster‹ Putin as MPs Rush Through Economic Crime Laws«, in: *Standard*, 7. März 2022.
44 Bullough, *Butler to the World*, S. xv.
45 Bullough beschreibt diese Touren in seinem Buch *Moneyland* (New York: St. Martin's, 2019) sowie in einem Interview, das er 2019 mit Terry Gross in der NPR-Sendung *Fresh Air* führte: https://www.npr.org/2019/05/01/719001286/moneyland-reveals-how-oligarchs-kleptocrats-and-crooks-stash-fortunes.
46 Yustina Baltrusyte, »Foreign Ownership Is on the Rise and Driving Up Housing Prices«, in: *The Developer*, 20. Dezember 2021.
47 Für eine genaue Beschreibung der in den *Paradise Papers* beschriebenen Methoden zur Vermeidung der britischen »Stempelsteuer« (*stamp tax*), die beim Kauf von Immobilien zu entrichten ist, vgl. James Ball, »Secret Film Shows How Buyers of Luxury London Homes Can Avoid Millions in Tax«, in: *Guardian*, 16. Dezember 2012.
48 Koram, *Uncommon Wealth*, S. 184.
49 Lauren Tara LaCapra, »Goldman Lowered Tax Bill by 10 Mln Pounds – Report«, Reuters, 12. Oktober 2011.
50 Für die Zahlen zu Luxemburg vgl. EIS Finanzplatz, »Facts and Figures«, 2021, https://www.eisfinanzplaz.lu/en/view/facts-figures/. Für das Pro-Kopf-BIP im Jahr 2021 vgl. Eurostat: https://ec.europa.eu/eurostat/statistics-explained/index.php?title=GDP_per_capita,_consumption_per_capita_and_price_level_indices.
51 Gabriel Zucman, *Steueroasen: Wo der Reichtum der Nationen versteckt wird* (Berlin: Suhrkamp, 2014).
52 Vgl. einen auf Zahlen von Eurostat beruhenden Bericht von Research Luxembourg aus dem Dezember 2022: https://www.researchluxembourg.org/en/luxembourg-has-the-highest-proportion-of-foreign-born-residents-in-europe/.
53 Zucman, *Steueroasen*, S. 99.
54 Ebd., S. 98.

55 Vgl. z. B. Oliver Bullough, »The Fall of Jersey: How a Tax Haven Goes Bust«, in: *Guardian*, 8. Dezember 2015.
56 Patrick Wintour, »Tax Havens Have No Economic Justification, Say Top Economists«, in: *Guardian*, 9. Mai 2016.
57 Scott Pegg, »Has Botswana Beaten the Resource Curse?«, in: Katja Hujo (Hg.), *Mineral Rents and the Financing of Social Policy: Opportunities and Challenges* (London: Palgrave Macmillan, 2012), S. 257–84.
58 Paula Meijia und Vincent Castel, »Could Oil Shine Like Diamonds?«, in: *African Development Bank Economic Brief*, Oktober 2012.
59 Vgl. Wintour, »Tax Havens Have No Economic Justification«.

## Kapitel 5: Diesseits des Steuerparadieses

1 F. Scott Fitzgerald, *The Great Gatsby* (New York: Simon & Schuster, 1992), S. 8.
2 C. Wright Mills, *Die amerikanische Elite: Gesellschaft und Macht in den Vereinigten Staaten* (Hamburg: Holsten, 1962), S. 24.
3 Jason Sharman, *Havens in a Storm: The Struggle for Global Tax Regulation* (Ithaca: Cornell University Press, 2006).
4 Tom Phillips, »High Above Sao Paulo's Choked Streets, the Rich Cruise a New Highway«, in: *Guardian*, 20. Juni 2008.
5 Evan Osnos, »Doomsday Prep for the Super-Rich«, in: *New Yorker*, 23. Januar 2017. Vgl. auch Sheila Marikar, »The Rich Are Planning to Leave This Wretched Planet«, in: *New York Times*, 10. Juni 2018.
6 Vgl. z. B. folgenden Kommentar in der *New York Times*: »Trump's Tax Avoidance Is a Tax on the Rest of Us«, 1. Oktober 2020, A27.
7 Die Idee stammt von Bruno Latour, *Kampf um Gaia: Acht Vorträge über das neue Klimaregime* (Berlin: Suhrkamp, 2017).
8 Douglas Rushkoff, *Survival of the Richest: Escape Fantasies of the Tech Billionaires* (New York: W. W. Norton, 2022).
9 Kojo Koram, *Uncommon Wealth: Britain and the Aftermath of Empire* (London: John Murray, 2022).
10 Zu steigenden Selbstmordraten in der Folge von Sparmaßnahmen vgl. Veronica Toffolutti und Marc Suhrcke, »Does Austerity Really Kill?«, in: *Economics and Human Biology* 33 (2019): 211–23. Vgl. auch Nikolaos Antonakakis und Alan Collins, »The Impact of Fiscal Austerity on Suicide: On the Empirics of a Modern Greek Tragedy«, in: *Social Science & Medicine* 112 (2014): 39–50. Zu steigender Kinder-

sterblichkeit infolge von Sparmaßnahmen vgl. Rajmil Luis, David Taylor-Robinson, Geir Gunnlaugsson, Anders Hjern und Nick Spencer, »Trends in Social Determinants of Child Health and Perinatal Outcomes in European Countries 2005–2015 by Level of Austerity Imposed by Governments: A Repeat Cross-Sectional Analysis of Routinely Available Data«, in: *BMJ Open* 8, Nr. 10 (2018): e022932.

11 Friedrich Engels, »Die Lage der arbeitenden Klasse in England«, in: *Marx/Engels Werke*, Bd. 2 (Ost-Berlin: Dietz, 1962), S. 325.

12 Stafford Poole, »›War by Fire and Blood‹. The Church and the Chichimecas 1585«, in: *The Americas* 22 (1965): 115–37.

13 Thomas Piketty, »Foreword«, in: Gabriel Zucman, *The Hidden Wealth of Nations* (Chicago: University of Chicago Press, 2015), sowie Ruth Ben-Ghiat, *Strongmen: Mussolini to the Present* (New York: W. W. Norton, 2020).

14 Diese berühmte Aussage geht auf den politischen Philosophen Thomas Hobbes zurück, der sich in seinem 1651 erschienen Buch *Leviathan, or The Matter, Forme and Power of a Commonwealth Ecclesiasticall and Civil* mit der Funktion des Staates beschäftigte. (*Leviathan oder Stoff, Form und Gewalt eines kirchlichen und bürgerlichen Staates* (Berlin: Suhrkamp, 2011).

15 Leo Tolstoi, *Bekenntnisse – Was sollen wir denn tun?* (Berlin: Duncker & Humblot, 1886), sowie ders., *Aufruf an die Menschheit: Muss es denn wirklich so sein?* (Berlin: Verlag »Der Syndikalist«, 1920). Tolstoi versuchte, seine Leibeigenen freizulassen, aber sie weigerten sich, da sie den Verdacht hatten, er versuche, sie zu übervorteilen. Nach seinem Tod übertrugen seine Frau und seine Kinder den Grundbesitz der Familie auf die Leibeigenen. Vgl. Hilde Hoogenboom, »Estate Culture and Yasnaya Polyana«, in: Anna Berman (Hg.), *Tolstoy in Context* (Cambridge: Cambridge University Press, 2022), S. 28–36. Für eine sehr erhellende Einführung in Tolstois Essays über die Ungleichheit vgl. Liza Knapp, *Tolstoy: A Very Short Introduction* (New York: Oxford University Press, 2019).

16 Die Phrase wurde von Zine Magubane geprägt. Vgl. Magubane, »Overlapping Territories and Intertwined Histories: Historical Sociology's Global Imagination«, in: Julia Adams, Elisabeth Clemens und Anne Shola (Hg.), *Remaking Modernity: Politics, History, Sociology* (Durham: Duke University Press, 2005), S. 92–108.

17 Für diese Geschichte schulde ich Oliver Bullough Dank, der sie in *Butler to the World* (London: Profile Books, 2022), S. 84, erzählt.

18 Adam Hofri-Winogradow, »Professionals' Contribution to the Legislative Process: Between Self, Client, and the Public«, in: *Law and Social Inquiry* 39 (2014): 96–126.
19 Ho-Chun Herbert Chang, Brooke Harrington, Feng Fu und Daniel Rockmore, »Complex Systems of Secrecy«, in: *PNAS Nexus* 2 (2023): 1–12.
20 Vgl. Brooke Harrington, *Capital Without Borders* (Cambridge: Harvard University Press, 2016), insb. S. 147.
21 Diego Gambetta, »Mafia: The Price of Distrust«, in: Diego Gambetta (Hg.), *Trust: Making and Breaking Cooperative Relations* (New York: Basil Blackwell, 1988), S. 158–75.
22 Sara Ruberg und Max Colchester, »Roman Abramovich, Other Sanctioned Russian Oligarchs Fight Back in Court«, in: *Wall Street Journal*, 16. Juli 2022.
23 Vgl. mein Buch *Capital Without Borders*, S. 69.
24 Mollie McGowan, »Between a Rock and a Hard Place: The Export of Technical Data Under the International Traffic in Arms Regulations«, in: *George Washington Law Review* 76 (2008): 1327–41.
25 Kenneth Katzmann, »Iran Sanctions«, Congressional Research Service Report RS20871, 2. Februar 2002; https://crsreports.congress.gov/product/pdf/RS/RS20871/315. Vgl. auch Carla E. Humud und Clayton Thomas, »Iran Sanctions«, Congressional Research Service Report RS20871, 2. Februar, 2002; https://crsreports.congress.gov/product/pdf/RS/RS20871/317.
26 Für den Wert von 100–150 Mrd. Dollar vgl. Suzanne Maloney, »Sanctions and the Iranian Nuclear Deal: Silver Bullet or Blunt Object?«, in: *Social Research* 82, Nr. 4 (2015): 887–911.
27 Nick Cumming-Bruce, »Bankers Are Convicted of Allowing a Putin Ally to Deposit Millions in Swiss Accounts«, in: *New York Times*, 30. März 2023.
28 Neil Amato, »US Sanctions Ban Provision of Accounting, Consulting Services to Russia«, in: *Journal of Accounting Research*, 9. Mai 2022.
29 Europäische Kommission, »Presserklärung von Präsidentin von der Leyen zu einem neuen Paket restriktiver Maßnahmen gegen Russland«, 28. September 2022, https://ec.europa.eu/commission/presscorner/detail/de/statement_22_5856. Vgl. auch »Sanctions in Response to Putin's Illegal Annexation of Ukrainian Regions«, U.K. Foreign and Commonwealth Development Office, 30. September 2022.

30 Louis Ashworth, »Why Cyprus Is a ›Russian Bank with Dirty Money Posing as an E.U. State‹«, in: *Telegraph*, 2. März 2022. Vgl. auch Merve Berker, »Russian Warships Denied Berth in Southern Cyprus«, Anadolu Agency, 5. März 2022.

31 Philip Heijmans, »Singapore to Sanction Russia in ›Almost Unprecedented‹ Move«, Bloomberg, 28. Februar 2022.

32 Vgl. Kalyeena Makortoff, »How Swiss Banking Secrecy Enabled an Unequal Global Financial System«, in: *Guardian*, 22. Februar 2022. Vgl. auch Oliver Bullough, »Nevis: How the World's Most Secretive Offshore Haven Refuses to Clean Up«, in: *Guardian*, 12. Juli 2018.

33 Plinius, *Naturgeschichte*, Bd. 5 (Rostock/Greifswald, 1754), Buch 18, https://books.google.de/books?id=LZ9AAAAAcAAJ&printsec=frontcover#v=onepage&q&f=false.

34 Für eine eingehende Auseinandersetzung mit der Einschätzung des *Latifundia*-Systems und seiner gesellschaftlichen Auswirkungen durch die Römer vgl. Vladimir Simkhovitch, »Rome's Fall Reconsidered«, in: *Political Science Quarterly* 31 (1916): 201–43; meine Darstellung beruht insbesondere auf S. 202 und 206.

35 J. Riches, »The New Boundaries«, in: *STEP Journal*, November 2012.

36 Vgl. HM Revenue & Customs Research Report 537, »Researching the Drivers of Tax Compliance Behaviour Among the Wealthy and Ways to Improve It«, Januar 2019.

37 Vgl. z. B. »UK Vows to Stop the Super-Rich Using Courts to Silence Critics«, BBC, 17. März 2022.